教育の泉 ㉑

教師の リアクション力
-「指導と評価の一体化」とは何か-

北 俊夫 著

文溪堂

ま え が き

　「これまで慣行として行われてきたことでも、必要性・妥当性が認められないものは見直していくこと」。これは文部科学省が平成31年3月29日付の通知で示した学習評価の改善の基本的な方向性です。この考えにもとづいて、これまでの評価の考え方や方法を振り返り、これからの学習評価を真に意味のあるものにすることが求められています。学習評価は授業改革の重要な課題です。

　筆者が「指導と評価の一体化」や「指導に生きる評価」というフレーズを初めて耳にしたのは、昭和55年（1980年）ごろのことです。昭和52年（1977年）版の学習指導要領にもとづく指導要録に、評価の観点として「関心・態度」が各教科共通に設定されました。このことがきっかけになって、多くの学校で学習評価のあり方が話題になっていました。

　それから40年以上の時間がたちます。しかしいまなお、評価することは成績をつけることだとする、伝統的な学習評価観に立って日々の授業が展開されているのが現状です。評価について協議していると、評価と評定を混同して受けとめているために、議論がかみ合わない事態に遭遇します。学校での校内研修（研究）に、学習評価に関するテーマが少ないのも気になります。

　「指導と評価の一体化」とは具体的にどういうことなのでしょうか。「指導に生きる評価」とは具体的にどうすることなのでしょうか。これらの課題にいまなお明確な考え方や方法が確立されていないのが現状です。

　授業改善はいつの世も重要な課題です。よい授業は指導方法や指導体制を工夫・改善することによって実現します。よい授業は学習評価のあり方や方法を確認し、指導と一体に組み入れることによって期待できます。学習評価には授業を活性化させる機能があり、活力増強剤だといえます。また、教師による評価結果を子どもにフィードバックさせることにより、子どもは自らの学習を改善させます。評価には、子どもの学習を支援し、子どもの成長を促す機能があります。

　学習評価の実践や議論に関していまひとつ気になることは、日常性や簡便性、継続性の問題です。評価方法がいかに理論的かつ綿密に計画されていても、それが「絵に描いた餅」になっていては意味がありません。何よりも重要なことは複雑でないこと、

いつでも実践できる内容や方法であること、そして長続きできることです。学校の働き方改革が課題になっており、教師に過度な負担をかける方法は「理屈はわかるができない」と一蹴されてしまいます。だれでも、いつでも、どの教科でも実践できる評価がベストです。

本書『教師のリアクション力－「指導と評価の一体化」とは何か－』は、こうした問題意識のもとにとりまとめたものです。本書は、学校現場にみられる学習評価をめぐる現状と課題を踏まえるとともに、学習評価のもつ本来の機能に立ち返って、「指導と評価の一体化」とはどういうことなのか。「指導に生きる評価」をどう進めるのかなど、授業改善につながる新しい学習評価の考え方と方法について具体的に論述したものです。

Ⅰ章では、これまでの学習評価の取り組みにみられる課題や問題点を整理し、これからの新しい学習評価の考え方や実施にあたっての改善のポイントを文部科学省からの通知などを手がかりに論じました。

Ⅱ章では、そもそも「指導と評価の一体化」とはどういうことなのかを実際の授業に即して考えました。そのうえで、事例として紹介した子どもの発言や活動をどう評価し、その後の指導にいかに生かすか。子どもの発言などへのリアクション（言葉かけ）の仕方を解説しました。

Ⅲ章では、これまで評価手段として伝統的に使用されてきたペーパーテストに注目して、よりよい問題作成のあり方について８つのポイントを提案しました。また、各学年ごとに「知識・技能」と「思考・判断・表現」の観点に関わる問題例を紹介しました。ここでは社会科を例にしています。

Ⅳ章では、学習評価について論じたり実践したりするとき、ぜひとも知っておきたい学習評価に関する基礎用語を簡潔に解説しました。

本書を活用することにより、本来の学習評価が実施されるようになるとともに、日々の授業がよりよい方向に改革・改善されることを願っています。

本書の刊行にあたっては、株式会社文溪堂社長の水谷泰三氏の多大なお力添えをいただきました。出版環境の厳しいなか、こうした機会をいただいたことに心より感謝とお礼を申しあげます。

　　令和６年８月

　　　　　　　　　　　　　　　　　　　　　　　　　　北　　俊　　夫

CONTENTS

◇ まえがき ………………………………………………………………… 3

Ⅰ章 学習評価の新しい考え方と改善のポイント 9
－学習評価のこれまでとこれから－

1 これまでの学習評価－どこに問題があったのか ……………… 10
- （1）「評価」と聞いて何を連想したか ……………………………… 10
- （2）評価と評定を混同して使ってこなかったか ………………… 11
- （3）子どもの学びを「3基準」で観察していなかったか ……… 12
- （4）観点別評価にこだわってこなかったか ……………………… 13
- （5）短期間に評定し記録してこなかったか ……………………… 14
- （6）知識・技能と能力を同一に捉えていないか ………………… 15
- （7）評価結果が指導に生かされていたか ………………………… 16
- （8）学習指導案に示した評価計画に実効性はあったか ………… 17
- （9）指導要録は十分機能していたか ……………………………… 18
- （10）評価情報を保護者に伝える時期が遅くなかったか ………… 19

2 新しい学習評価の考え方－改善のポイント ………………… 20
- （1）学習評価の多様な機能を確認する …………………………… 20
- （2）評価の目的は指導目標を実現させることにある …………… 21
- （3）授業改善に生かす評価を重視する …………………………… 22
- （4）観点別評価（評定）は単元や題材ごとに実施する ………… 23
- （5）指導と一体に評価する－学習の過程における評価のあり方 … 24
- （6）子どもの実態を指導計画作成に生かす ……………………… 25
- （7）子どもの学習成果を見きわめ、つまずきをなくす ………… 26
- （8）「評価と指導の計画」－作成のポイント …………………… 27
- （9）子どもが自らの学習の改善に生かす ………………………… 28
- （10）子どもや保護者への評価情報の提供 ………………………… 29

◇ コラム「観点の総括的な評定」…………………………………… 30

5

Ⅱ章 「指導と評価の一体化」の実際 31
―教師のリアクションを考える―

- 1 「指導と評価の一体化」とはどういうことか……………… 32
  - （1）授業に見る「指導と評価の一体化」の姿……………………… 32
  - （2）教師の評価に「授業力」が反映する…………………………… 33
  - （3）評価の目的は子どもの「学力」を高めること………………… 34
  - （4）子どもの発言や活動を「教材」として生かす………………… 35
  - （5）重要な意味をもつ教師の「リアクション」…………………… 36
  - （6）リアクションのために「つなぎ言葉」を用いる……………… 37
- 2 演習「子どもの発言にどうリアクションするか」………… 38
  - 演習にあたって……………………………………………………… 38
  - （1）ぼくの家は北のほうにあるよ…………………………………… 39
  - （2）工場のおじさんは大変だったよ………………………………… 40
  - （3）この道具は昔のものだよ………………………………………… 41
  - （4）自動車工場は広かったよ………………………………………… 42
  - （5）ぼくの考えはみんなと違うよ…………………………………… 43
  - （6）水道の水が来ないと困ります…………………………………… 44
  - （7）比べてみたら違います…………………………………………… 45
  - （8）この資料からわかりません……………………………………… 46
  - （9）今日の勉強はよくわかったよ…………………………………… 47
  - （10）農家の人はいろんな工夫をしているよ………………………… 48
  - （11）信号機がタテになっている……………………………………… 49
  - （12）10円玉で見たよ…………………………………………………… 50
  - （13）ドジョウはグルメだね…………………………………………… 51
  - （14）ご飯が炊けないよ………………………………………………… 52

Ⅲ章 「ペーパーテスト」の新しい考え方とサンプル 53
ー発想を変え、新テストの開発をー

1 「ペーパーテスト」の新しい考え方ー8つの提案 ･･････････････････ 54
 （1）評価の観点の趣旨を生かす ････････････････････････････････ 54
 （2）「知識・技能」の趣旨を踏まえて作成する ････････････････････ 55
 （3）「思考・判断・表現」は学期末、学年末に実施する ････････････ 56
 （4）記述式の問題を開発し盛り込む ･･･････････････････････････････ 57
 （5）指導と一体化した「ペーパーテスト」の開発 ･････････････････ 58
 （6）「ペーパーテスト」の新しい活用方法 ････････････････････････ 59
 （7）子どもが「ペーパーテスト」を作成する ･････････････････････ 60
 （8）かつて提案したペーパーテスト改革案 ･･･････････････････････ 61
2 新しい「ペーパーテスト」のサンプル ････････････････････････ 62
 （1）3年「知識・技能」の問題例 ･･････････････････････････････ 62
 （2）3年「思考・判断・表現」の問題例 ･････････････････････････ 64
 （3）4年「知識・技能」の問題例 ･･････････････････････････････ 66
 （4）4年「思考・判断・表現」の問題例 ･････････････････････････ 68
 （5）5年「知識・技能」の問題例 ･･････････････････････････････ 70
 （6）5年「思考・判断・表現」の問題例 ･････････････････････････ 72
 （7）6年「知識・技能」の問題例 ･･････････････････････････････ 74
 （8）6年「思考・判断・表現」の問題例 ･････････････････････････ 76
◇ コラム「資格試験と選抜試験」 ･･････････････････････････････ 78

Ⅳ章 知っておきたい学習評価の基礎用語 79
ー議論を深め、確かな実践のためにー

 （1）目標準拠評価 ･･･ 80
 （2）絶対評価 ･･･ 80
 （3）相対評価 ･･･ 81
 （4）他者評価 ･･･ 81
 （5）自己評価 ･･･ 82

（6）相互評価 ··· 82

（7）評価の観点 ··· 83

（8）観点別評価 ··· 83

（9）個人内評価 ··· 84

（10）到達度評価 ··· 84

（11）診断的評価 ··· 85

（12）形成的評価 ··· 85

（13）総括的評価 ··· 86

（14）評価教材 ··· 86

（15）テスト ··· 87

（16）個人面談 ··· 87

（17）通知表（通信簿） ··· 88

（18）指導要録、抄本 ··· 88

（19）評価基準と評価規準 ··· 89

（20）到達目標と方向目標 ··· 89

（21）評価と評定 ··· 90

◇　あとがき ··· 91

I章 学習評価の新しい考え方と改善のポイント
ー学習評価のこれまでとこれからー

本章の趣旨

　文部科学省は、平成29年（2017年）3月に告示された学習指導要領にもとづく学習評価のあり方について、平成31年3月29日付で「小学校、中学校、高等学校及び特別支援学校等における児童生徒の学習評価及び指導要録の改善等について（通知）」（以下、通知と表記します）という標題の文書を発出しています。ここには、これからの学習評価を方向づけるきわめて重要な内容が示されています。

　通知には本書のまえがきにも記しましたが、「学習評価の改善の基本的な方向性」として、「これまで慣行として行われてきたことでも、必要性・妥当性が認められないものは見直していくこと」と示されています。この指摘は、従前からならわしとして行われてきたことを学習評価の目的に照らして抜本的に見直し、必要性の薄いものや妥当性、適切性の感じられないことは思い切って改めるよう促しているものと受けとめることができます。

　学校は常に新しいことに挑戦しようとする意欲がみられます。ただそのとき、これまで当たり前に行ってきたことを取り止めたり変更したりすることを躊躇する傾向があります。学習評価本来の目的は何かという原点に立ち返って、これまでの学習評価を振り返り、これからの新しい学習評価のあり方を考えることが重要であると考えます。「スクラップ　アンド　ビルド」の原則に立って果敢に挑戦したいものです。

　無理なこと、無駄なことは計画せず、どの時間にも、どの教科でも、どの教師でも日常的に実行できる簡便性と継続性と汎用性のある学習評価であることがなによりも重要です。

　このような基本的な考えのもと、本章では、まずこれまでの学習評価のどこにどのような課題や問題点があったのかを整理します。そのあと、それらをもとにこれからの新しい学習評価の考え方や方法など改善のポイントを検討します。

9

1 / これまでの学習評価
　　　　　　－どこに問題があったのか－

（1）「評価」と聞いて何を連想したか

　「評価」は、企業や行政など一般社会において日常的に行われています。「検証」といった言葉でいわれることもあります。学校教育においても、学習評価、授業評価、教員評価、学校評価などとあらゆる対象に「評価」の用語が使用されています。「評価」が一般化してきたことの証しでしょう。

　学校教育において、教師をはじめ多くの人は、「評価」（ここでは学習評価のこと）と聞いてどのようなことを連想するでしょうか。あるいはどのようなこととして受けとめてきたでしょうか。

　学期末や学年末になると、職員室などで「評価の時期になった。そろそろ評価しなければいけないな」などと、評価のことが話題になります。評価と聞くと、試験やペーパーテストの実施、通知表（通信簿）や指導要録の記載を連想する人もいるでしょう。ここでいう評価とは、子どもの成績をつけることだと受け止め、そのために評定することでした。学習評価を成績評価として捉え、学期末などに実施するひとつの作業として行われてきました。そのために、評価を日常の学習指導と切り離して考える傾向がみられました。

　このように、多くの教師は「評価」という用語から、成績や通知表などを連想してきました。そのため、評価することに負担を感じてきた教師もいるようです。一方、評価される側の子どもによっては、通知表の評価を必ずしも好意的に受けとめず、ネガティブな印象をもつこともあるようです。保護者のなかには通知表の成績を敏感にかつ過大に受けとめ、一喜一憂する姿がみられました。記載した内容に対して担任に異議を申し立てることもあると聞きます。教師にとっても子どもや保護者にとっても、評価することや評価されることが必ずしも好意的に受けとめられていないところに課題や問題点があるように思われます。

　「連想する」とは、ひとつの観念や用語につられて、それと関連のあるほかの事柄を思うことですから、簡単にぬぐい去ることはできません。子どもたちや保護者も含めて、「評価とは何か」「何のために評価を行うのか」など、正しい学習評価の考え方を共有し、評価に対する伝統的な受けとめや考え方を払拭する必要があります。

（2）評価と評定を混同して使ってこなかったか

　校内や地域の研究会などで学習評価についての議論を聞いていると、評価と評定のどちらのことを話題にしているのか、曖昧なことがあります。両者が混同して使われているからです。それは評価した結果の捉え方に象徴されます。「A基準、B基準、C基準」などの用語が使われる場合は、子どもの学習状況を3段階で評定しているものです。基準を設定して、子どもをランク付けたりグルーピングしたりしています。こうした趣旨の評価は、評価することを学習や指導のゴールとして捉えており、これはかつての「PDS」にあたります。Planは計画、Doは指導、Seeは評価です。

　これに対して、近年「目標に達していない子どもに、授業者はどのように対処したのですか」といった質問が出されることがあります。これは、評価した結果をその後の指導にどのように生かしたのかを確かめようとしているのです。評価と指導を関連づけ、一体的に捉えているものです。これは最近各方面でよく使用されているPDCAにあたります。計画（Plan）→実施（Do）→評価・点検（Check）→再指導（Action）の過程のうち、特にCからAへの展開にポイントがあります。

　評定は、評価の一部であり、評価とイコールではありません。評定するとは、子どもの学習状況を予め設定した基準（規準）にもとづいて、A・B・Cや3・2・1などの尺度で測定し判断することです。これらは成績をつけるための作業ですから、成績評価ともいわれます。評定した結果は評価補助簿などに記録され、通知表など成績をつける際に生かされます。厳密に評定しようとすると、その時間や労力は膨大になります。

　一方、評価するとは、評価することが目的やゴールではなく、結果を次の指導に生かすことです。これまでも「指導に生きる評価」「指導と評価の一体化」などといわれてきました。もちろん、評定することを軽視するものではありません。成績をつけるための評定は広義の評価に含まれます。

　評価と評定の関係をベン図に表すと、右のようになります。目的に応じて評価と評定の用語を使い分け、混同しないようにしたいものです。

図1：評価と評定の関係

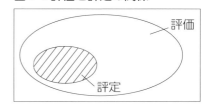

（3）子どもの学びを「3基準」で観察していなかったか

　市区町村教育委員会の定めている指導要録や学校の作成している通知表をみると、各教科において評価の観点を設定し、「3基準」で記載するようになっています。これは、指導要録の観点別学習状況を記録する欄に、「十分満足できる」状況と判断されるものをA、「おおむね満足できる」状況と判断されるものをB、「努力を要する」状況と判断されるものをCと、「3基準」で記録するようになっていることを受けたものです。

　指導要録の学習の記録の欄は学年末に記載します。通知表は学期末に作成します。学期末や学年末に、子どもの学習状況をA・B・Cの「3基準」で評定し、結果を指導要録や通知表に記載することは教師の大切な作業です。指導要録は学校教育法施行規則によって作成義務が規定されており、怠ることは許されません。

　1単位時間を対象にした授業研究の場で「A基準」「B基準」「C基準」といった言葉を耳にすることがあります。そのたびに、日常の授業においても子どもたちの学習状況を「3基準」で評定しなければならないのか。そこまで丁寧に子どもの学習状況を観察し評価する必要があるのか。授業者は普段の授業でもそうした基準で評価しているのかなど気になります。もしそうだとすれば、授業者の過度な負担になっていないかと感じます。

　また、学習指導案に記述されている評価規準がその時間の指導目標（ねらい）の実現状況を見きわめる尺度になっておらず、目標と評価規準がずれていることも気になります。ダブルスタンダード（二重基準）になっているのです。

　授業者が評価を無理なく、無駄なく、そして当たり前のこととして、日常的に実施できるためには、評価の「簡便さ」が何より重要です。

　教師が授業にあたって設定する指導目標（ねらい）は単なる飾り物ではありません。目標設定には指導責任と結果責任が伴い、授業者には目標をすべての子どもに実現させる責務が課せられます。授業の終末場面では、一人一人の子どもが目標を実現したか、実現していないかを瞬時に判断・評価しなければなりません。万一実現していない子どもがいた場合には再び指導することが求められます。このことは「3基準」の尺度で評定する以上に重要なことです。

　学期末や学年末に実施する際の評定の尺度と、日常の授業において実施する評価の尺度とは区別してよいのではないでしょうか。

（4）観点別評価にこだわってこなかったか

　多くの通知表や指導要録は、各教科において観点別に評定した結果を記載するようになっています。そのため、評価の一貫性を確保するためでしょうか。日常の授業においても、学習指導案に観点別評価を意識した評価計画が示されています。具体的には、評価場面に評価規準や評価方法（手段）とともに、「知・技①」「思②」などと関連する評価の観点名が略記されています。これまでの学習指導案にはあまり見られなかった評価計画が綿密に作成されていることは、これまでの学校現場における学習評価の実践と研究の成果だと思われます。

　ただそこに示されている評価の観点が、その場の学習活動や学習内容と直接結びついていないことがあります。また、その時間の指導目標（ねらい）の実現状況を見きわめる規準になっておらず、目標と評価規準が乖離していることもあります。観点別に評価するためには、示されている観点名を軸に目標と指導と評価が一貫し、整合性が図られている必要があります。

　さらに大きな問題があることに気づきます。「指導と評価の一体化」といわれています。これは指導と評価が表裏一体の関係にあることをいい表したものです。この原則に立って観点別評価の意味を改めて考えると、日々の指導において「観点別指導」が行われていなければなりません。ところが、観点別評価とはいわれてきましたが、「観点別指導」とは耳にしたことがありません。教師が観点別に指導したり、子どもが観点別に学んだりすることはあり得ないからです。「今日は『思考・判断・表現』の観点の授業です」などとはいいません。子どもの学びや教師の授業は特定の観点に偏って展開されるものではなく、本来総合的な営みです。

　観点は子どもの学習状況を評定する際に、教師が便宜上設定しているものです。成績をつけるための観点別評価（評定）は、学期末や学年末に実施されるものです。単元末にも実施されます。こうした場では、観点別評価に重要な意味と役割があります。

　ただ、日常の学習指導において観点別評価を意識しすぎると、観点ありきの授業になり、本来の授業がゆがめられてしまう恐れがあります。観点別の評価計画が作成されていても、指導の実際と合致していない場合には、観点名や評価規準が絵に描いた餅になり、その実効性が期待できません。日々の授業で観点別評価を日常的に行うことは授業の実情に合致しているのかという課題があります。

（5）短期間に評定し記録してこなかったか

　平成15年12月に学習指導要領が一部改正され、教師の実施する学習評価に客観性、妥当性、信頼性が強く求められるようになりました。学習指導要領は最低基準であるとされたからです。最低基準とは、学習指導要領に示されていることをすべての子どもに実現させるという趣旨です。これにより、集団のなかでの位置を示す相対評価を加味することなく、一人一人に即して目標の実現状況を評価するという絶対評価に完全移行されました。絶対評価ですから、保護者から「なぜ、うちの子どもはＡではなくＢなのか。理由を知りたい」「この観点の評価規準はどうなっているのか」といった質問が寄せられることが想定されました。

　これらは教師にとって重い課題でした。その結果、授業中、教師が子どもの名簿を手にして学習状況を記録する姿がみられるようになりました。教師は保護者への説明責任を果たすために、評価の結果を指導に生かすことより、記録に残すことにエネルギーが割かれたのです。思考力、判断力、表現力などの能力や意欲的に学ぶ態度などは長い時間をかけて養われるものですが、記録に残すことを優先するあまり、短時間に評定し、その結果を記録していました。評価の客観性が求められたために、授業中の発言や挙手の回数、作品などの提出状況など目に見える部分で評価し、子どもの内面を深く観察することが疎かになってしまいました。その結果、観点の趣旨にもとづいた評価が行われなくなりました。

　記録したことは機械的、形式的に処理され判定されていました。たとえば能力に関する観点について、１つの単元において３か所で評定し、記録したとします。ここでは、「Ｂ・Ｂ・Ｂ」と記録された子ども、「Ａ・Ｂ・Ｃ」と記録された子ども、「Ｃ・Ｂ・Ａ」と記録された子どものいずれも最終的に「Ｂ」と判定されていました。機械的に平均化したからです。このような手続きは能力に関する観点の趣旨に合致していたのでしょうか。

　評価の観点の趣旨を踏まえると、知識や技能のように比較的短時間に評価できるものもありますが、思考力、判断力、表現力などの能力や主体的に学習に取り組む態度は、長い時間をかけて観察し評価しなければ、本当の子どもの姿を捉えることはできません。観点別評価（評定）を行うとき、各観点の趣旨に合った評価の処理方法を工夫する必要があります。処理方法を誤ると、子どもの学びを正しく捉えることができなくなります。

（6）知識・技能と能力を同一に捉えていないか

　一般に、知識や技能は量的な学力といわれ、能力は質的な学力といわれています。前者は見える学力、後者は見えない学力ともいわれ、海に浮かぶ氷山にたとえられます。前者は海面の上にあり、後者は海面の下にあります。

　知識や技能と能力は学力として捉えたとき、大きな違いがあります。このことはそれらの習得状況や育ち具合を評価するとき、両者の違いに考慮する必要があることを意味しています。知識や技能はペーパーテストなどで評価することができます。しかし、能力は子ども一人一人の内面に形成され、外部からは直接みえませんから、なんらかの手だてで表現させて見える化しなければ把握できず、評価することはできません。知識や技能と能力は本来異なった性格をもっているにもかかわらず、両者を同一のものとして捉え、評価されている状況がみられます。

　知識や技能と能力は、いずれも時間の経過とともに、すなわち子どもの学びと教師の指導によって「変化」していきますから、変化の仕方の違いに注目します。知識や技能は、学習をとおして積み上げながら量を増やしていきます。それに対して、思考力や判断力や表現力などの能力は螺線形（スパイラル）に質を高めていきます。そのため、知識や技能は「習得する」といい、能力は「育成する」といいます。両者の違いを図に表すと下記のようになります。

　評価するとき、こうした違いを踏まえることが大切です。両者を同一の方法や手続きで処理すると、評価の観点の趣旨をゆがめてしまうことになりかねません。

図2：「知識・技能」と「能力」の違い

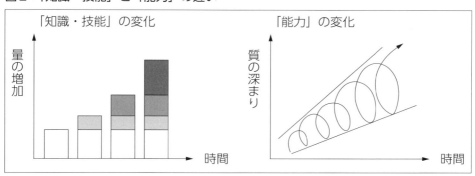

（7）評価結果が指導に生かされていたか

　「指導に生きる評価」というフレーズは、従来からたびたびいわれてきました。ところが、授業におけるイメージをもたず、具体的な手だてがとられないまま、単なるスローガンで終わっていました。これまでの評価は主として成績をつけるために行われてきましたから、「成績に生かす評価」といったほうが実態に合っていたかもしれません。

　こうした状況が散見されるのは、背景に伝統的な評価観が根強く残っているからではないかと思われます。伝統的な評価観は次の３点に集約されます。

　１つは結果主義です。評価は指導の終末において、子どもたちの学習の成果を点検するという考えです。評価がゴールです。２つは評定主義です。子どもたちの学習の結果をＡ・Ｂ・Ｃで判定したり、点数化したりする作業が評価だとする考えです。結果は子どもや保護者に伝えられました。そして、３つは成績主義です。評価は成績をつけるために行うものとする考えです。いわゆる成績評価といういい方はいまなお根強く残っているようです。

　「指導に生きる評価」を実現させるためにまずもって重要なことは、深く染みついている伝統的な評価観を克服することです。「成績をつけるための評価」から「指導に生きるための評価」へ評価観を転換することです。「指導に生きる評価」とは、評価結果をもとによりよい授業を展開し、子どもたちのつまずきをなくし、よさを生かしながら確かな学力をつけることです。ここでの「つける」対象は成績ではなく、子どもの学力です。

　学習評価には、後述（20ページ参照）するように、さまざまな機能や目的がありますから、成績をつけるために評価（評定）することを否定するものではありません。しかし、最も重要なことは、評価の結果を教師が自らの授業の改善に生かすことと、子どもが自らの学習の改善に生かすことにあります。いずれにも共通していることは、生かす対象が通知表や指導要録ではなく、教師の指導と子どもの学習にあることです。

　学習評価の本来の目的や機能を果たすためには、評価結果を生かす対象を明確にしたうえで、評価の結果を指導においてどのように生かすのかを示した「指導に生かす評価計画」を具体的に作成します。このことによって「指導に生きる評価」の実像がみえてきます。

（8）学習指導案に示した評価計画に実効性はあったか

　単元や題材の指導計画や本時の学習指導案に、評価に関する事柄が計画されているものが増えてきました。そこには、評価場面に評価規準や評価方法（手段）、関連する評価の観点名が記載されています。通常、こうした記述が１単位時間において１～２か所程度示されています。ここから、授業者が評価を意識して指導しようとしていることが読み取れます。ただ、次のような問題点があることに気づきます。

　まず、本時の終末に示されている評価規準が、本時の目標（ねらい）に準拠していないものが多いことです。評価規準は目標に準拠して、子どもたちの実現状況を見きわめる際の具体的な視点（ものさし）ですから、目標と評価規準の関連性を担保しておく必要があります。

　次に、評価方法（手段）に、「発言、ノート」などと書かれていることが多いのですが、これが実際の学習活動と合致していないことです。発言やノートの記述内容を評価する場合には、子どもに考えたことやわかったことなどをノートに書かせたり発表させたりしなければ、教師は評価することができません。実際の授業では、すべての子どもに発表させることはできませんから、ノートに記述する活動と一体化させることはとても大切です。いずれにしても見える化するための表現をともなった学習活動を組み入れることがポイントです。

　さらに、評価した結果をどうするのかが明記されていないことです。評価結果の活用の仕方について記述されていないと、評価することを目的化していると受けとめられてしまいます。「～しているか」などと評価規準を示すだけでなく、評価した結果をどのように生かそうとしているのかを具体的に記述しておくことにより、「指導に生きる評価」に近づきます。

　概して、評価計画がこれまで以上に充実した内容になっているのですが、それらが必ずしも実践されていないことがあり、評価計画の実効性に疑問を感じることがあります。評価計画が絵に描いた餅になっているようです。

　評価計画を作成する際には、評価の目的を明確にするとともに、その内容を自らが実践できる程度と範囲であることが重要です。無理な計画や意味のない計画は長続きしないどころか、実践さえされません。評価を意図的に行う場面の重点化と簡素化を第一義に考えたいものです。

（9） 指導要録は十分機能していたか

　小学校児童（中学校生徒）指導要録には、様式１「学籍に関する記録」と様式２「指導に関する記録」の２つがありますが、ここでは後者について話題にします。

　年度末になると、教師は指導要録の記載に多くの時間とエネルギーを割き、気をつかいながら作成しています。また、そのために日ごろから評価の結果を記録にとどめることを心がけています。

　指導要録には、子どもの学習と生活の状況を一定期間学校に残すという証明機能と、子どもの指導に生かすという指導機能があります。後者は、次年度の学級担任などが前年度までの学習や生活の状況を把握し、それらを踏まえて継続的な指導に生かすことです。中学校に進学した子どもたちについては「抄本」、またはその「写し」を進学先の校長に送付します。併せて、次年度の学校担任や進学先の教師とは、多くの場合、直接面談を実施して具体的な引き継ぎがなされています。

　学校（校長）が指導要録（抄本を含む）を作成することは、学校教育法施行規則第24条で規定されていますから、指導要録は法的な文書といえます。「指導に関する記録」の保存期間は５年です。期限がくると廃棄処分されます。ちなみに「学籍に関する記録」は20年保存します。

　指導要録の内容に対して、保護者から開示請求があると、それに応えなければならない自治体もあります。記述された内容の修正や訂正を求められることもあります。指導要録が情報公開の対象になっていることから、教師は誤った記述をしないよう一層の神経をつかって記載しています。

　指導要録（様式２）の記述内容が形骸化しているとの指摘があります。そのため、指導に生かすという機能が十分に発揮されていない状況がみられます。保護者からの開示請求を意識して「本当のことが書きづらい」という声も耳にします。

　このようにみてくると、多くの時間とエネルギー、それに神経をつかって注意深く記載される指導要録が労力に見合った有効な活用がなされてないのではないかと思われます。指導要録が十分に機能しているのか、検証が必要です。学校の働き方改革が課題になっており、指導要録の様式２の「指導に関する記録」の目的や記載内容について、存続の必要性や有無を視野に入れた議論が必要ではないかと思われます。指導要録のあり方は教員の働き方改革や日々の学習評価の進め方と無関係ではありません。

（10）評価情報を保護者に伝える時期が遅くなかったか

　学校や教師から子どもや保護者に伝えられる評価情報の主な方法や手段は学期末に渡される通知表（通信簿）であったり、実施される個人面談だったりします。単元末に実施されるペーパーテストも、子どもが家に持ち帰ることで、保護者はわが子の学習の様子を知ることができます。いずれも学習してきた「結果」を伝えるもので、多くは結果の報告でした。

　夏休みを前に行われた個人面談でのことです。担任は、ある子どもの保護者に1学期の算数科での学習の模様について、「算数科では、数の計算がとても早く正確にできるようになりました。ところが、立体図形の問題になると、つまずくことが多かったです」と説明しました。担任には、夏休みを利用して家庭で学び直してほしいという願いがあったようです。

　担任の説明に対して保護者から「図形の問題ができなくなったのはいつごろからでしょうか。できないまま、いままできたのでしょうか。つまずきがみられたときに伝えていただければ、家庭でも取り組ませることができたのですが…」と応答がありました。保護者がいわんとしていることは、こうした話をもっと早く伝えてほしかったということでしょう。

　多くの場合、学校や教師から子どもや保護者に伝えられる評価に関する情報は、これまで学習や指導が終わってからが一般的でした。結果情報の提供だったのです。伝える側から考えると、結果が明らかになってから伝えたいという意識があったからでしょう。ところが、伝えられる側から考えると、特に課題や問題点などつまずきに関する情報はできるだけ早期に入手し、家庭でもそれに対応したいという思いがあります。なにごとも傷口が浅いうちに対処すれば、傷（つまずき）は大きくなりませんから、保護者のいい分や思いには納得させられます。

　これまでの評価情報の伝え方を振り返ると、子どもや保護者の立場より、伝える側の学校や教師の都合や思いが先行していたように思われます。また、伝える際には、家庭にお願いすることだけでなく、学校や教師として、つまずきなど課題の解決のために新たに取り組んでいきたいことについても誠意をもって伝えるようにします。子どもや保護者の立場を考慮して、学習や生活に関する評価情報を伝える時期や内容、方法などを改善したいものです。

2　新しい学習評価の考え方
　　　－改善のポイント－

（1）学習評価の多様な機能を確認する

　学習評価にはどのような働きや目的があるのでしょうか。それはひと言でいうと「多機能」だということです。学習評価には大きく捉えて、下記の図3のように3つの機能があります。機能は目的といってもよいでしょう。

　第1は、伝達機能です。第三者に伝達するために実施される評価です。これには、学校が作成する通知表や実施する個人面談、受験の際に作成する報告書（内申書）などがあります。指導要録の「抄本」や「写し」を進学先や転校先に送付することも含まれます。

　第2は、管理機能です。子どもの在籍状況を含め、学習状況を学校として保管したり証明したりするためです。様式1「学籍に関する記録」は20年、様式2「指導に関する記録」は5年、それぞれ保存期間が定められています。

　以上の伝達と管理のための評価は、主として成績をつけるために行われます。成績評価（成績に生かす評価）のことで、正確には評定といいます。

　第3は、指導機能です。これは、評価の結果を指導に生かすという趣旨です。一般に「指導に生きる評価」といわれています。評価が日々の指導と密接に関連していますから、「指導と評価の一体化」ともいわれます。

　学習評価の3つの機能はいずれも重要ですが、評価を教師の日常的な営みとして捉えたとき、また子どもを中心に据えたとき、学習評価のメインとなる機能（目的）は指導機能だといえます。これは、日々の授業をよりよく展開するために行う評価です。ここでは、成績をつけるための評価から、授業の改善に生きる評価に、学習評価の考え方や方法を転換することが求められます。

図3：「学習評価」の多様な機能

（2）評価の目的は指導目標を実現させることにある

　学習評価の主要な目的は成績をつけるためではないという趣旨を前述しました。では、教師は何のために子ども一人一人の学習状況を評価するのでしょうか。

　指導にあたって、教師は「目標」を設定します。学校には、教育目標が掲げられています。学校生活や生徒指導、給食指導の場では、毎月の目標が掲示されます。教科の指導においても、指導計画や学習指導案に必ず「目標」が示されています。「ねらい」と表記することもあります。学習指導案に目標を設定し、それを公表していることは、授業者は目標に示されていることを子どもたちに指導する（身につけさせる）ことを宣言していることでもあります。

　目標は単なる飾り物ではありません。掲げた以上、目標の実現に向けて指導する責任が伴います。また、結果がどうなったのかが問われます。目標設定には、授業者の指導責任と結果責任という重い課題がかかっています。

　指導の結果責任を果たすためには、子どもたちの学習状況を常に観察し理解するとともに、目標の実現状況を見きわめることが求められます。もし目標に達していない子どもがいたときには、少しでも近づける指導が求められます。スルーすることなく、課題の解決のために最大の努力をしなければなりません。なお、目標を実現した子どもたちには発展的な課題に挑戦させ、さらに学力を伸ばすことが考えられますが、一人の教師では限界があります。

　ここで表記した「理解する」とか「見きわめる」といった教師の行為はすべて子どもたちの学習状況を評価していることです。これらの行為には目標を実現させるための指導や援助が伴っています。評価の営みはすべての子どもに指導目標を実現させるために行われるものだといえます。

　これまで「指導と評価の一体化」などといわれてきましたが、そのまえに「目標と評価は表裏一体の関係にある」ことを確認する必要があります。

　以上の意味合いから、日々の学習指導にあたっては、目標を設定することの意味を再確認し、その確実な実現のために評価を行うという考え方に立って指導すること、すなわち、評価の目的はすべての子どもに指導目標を実現させることにあるという評価観に立って指導することが一層重要になります。

　評価を話題にするとき、実現目標とか達成目標、目標に準拠した評価などと、目標という用語が登場するのはこうした趣旨が背景にあります。

21

（3）授業改善に生かす評価を重視する

　平成31年3月29日に文部科学省から、これからの学習評価と指導要録に関する通知が出されています。標題は「小学校、中学校、高等学校及び特別支援学校等における児童生徒の学習評価及び指導要録の改善等について（通知）」（以下、通知といいます）です。これは、中央教育審議会が平成31年1月21日にとりまとめた「児童生徒の学習評価の在り方について（報告）」（以下、報告といいます）を受けたものです。通知には、これからの学習評価に関連して、次のような重要な指摘があります。

> 　学習評価については、日々の授業の中で児童生徒の学習状況を適宜把握して指導の改善に生かすことに重点を置くことが重要であること。（下線は筆者による）

　ここでは、学習評価を日々の授業のなかで日常的に行うこと、そしてその結果を教師の指導改善に生かすことの重要性を指摘しています。

　こうした指摘の背景には、これまでの学習評価が評価することで終わっていたり、結果を記録することに時間が割かれたりして、評価した結果が教師の主要な仕事である授業の質の改善・向上のために十分生かされなかったことがあります。学習評価は教師の指導の充実と改善のために行うものとする考え方が全面に示されたことは注目に値する重要な指摘だといえます。筆者が「評価力は教師の授業力」であると指摘している背景もここにあります。

　これまでの単元などの指導計画をみると、「記録に残す評価」と「指導に生かす評価」が混在していたものが散見されました。これからの日常の学習指導においては、評価の結果を記録に残し、それらをもとに評定することを重視した評価から、教師の指導の改善に生かすことを重視した評価に軸足を大きく移行する必要があります。これは「ＰＤＣＡ」サイクルのうち、特に「ＣＡ」の過程を重視しているものです。

　これからの授業においては、評価結果をその場で指導にフィードバックさせ、子どもに各時間の指導目標（ねらい）を確実に実現させることに一層傾注する必要があります。通知が指摘していることは、評価の主要な目的が成績をつけることより、すべての子どもに目標を実現させることにあることを改めて確認したものと受けとめることができます。

（4）観点別評価（評定）は単元や題材ごとに実施する

　これまで、指導要録における各教科の学習状況の記録に関連して、「観点別学習状況を評価の基本とする」（文部科学省『新しい学力観に立つ教育課程の創造と展開』67ページ、平成5年10月）とされたことから、観点別評価が重視されてきました。そのため、学校では日常の学習指導においても、指導計画に観点別評価を位置づけ、評価規準をもとに評価の結果を記録したり、指導に生かしたりする努力が行われてきました。

　前項に示した通知には、学習評価について「指導の改善に生かすことに重点を置く」ことと同時に、それに続いて次のことが示されています。

　したがって観点別学習状況の評価の記録に用いる評価については、毎回の授業ではなく原則として単元や題材など内容や時間のまとまりごとに、それぞれの実現状況を把握できる段階で行うなど、その場面を精選することが重要であること。

（下線は筆者による）

　ここでは、指導要録の「各教科の学習の記録」（指導要録には、従来まで示されていた「観点別学習状況」の表記はみられません）の欄に記録するための評価について、毎時間行うのではなく、「単元や題材など内容や時間のまとまりごと」に、「実現状況を把握できる段階」で実施するとしています。

　さらに、通知のもとになった中央教育審議会の報告には、「単元や題材ごとに全ての観点別学習状況の評価の場面を設けるのではなく、複数の単元や題材にわたって長期的な視点で評価する」とも述べられています。これは、特に「思考・判断・表現」や「主体的に学習に取り組む態度」の観点に関わる能力や態度は、短時間に身につくものではないため、時間をかけて観察し評価することの大切さを示唆しているものと受けとめることができます。こうした指摘は、ペーパーテストを作成する際にも配慮したいものです。

　通知や報告から、これまで日常的に重視されてきた「観点別評価」がこれまでよりトーンダウンし、軽減されている印象を受けます。

　これからの日常の学習指導においては、子どもの学習状況を観点別に観察・評価し、結果を記録することにエネルギーを費やすことから、目標をすべての子どもに実現させるための指導に一層専念することが求められます。

23

（5）指導と一体に評価する－学習の過程における評価のあり方

　「指導と評価の一体化」の必要性は、これまでもたびたび指摘されてきましたが、その具体的な手だてがみえていませんでした。一体化とは、指導と評価がひとつのものになっていて、両者は分けられない関係にあるようにすることをいいます。指導の事前に実施する評価でも、指導の事後に実施する評価でもありません。指導と学習の進行過程、すなわち授業中に行われる評価です。図化すると、「指導→評価→指導」という、指導と評価に順序性や時間差があるのではなく、「指導＝評価」であるということです。これまで、指導と一体になった評価を形成的評価とか、過程評価（プロセス評価）などといわれてきました。

　具体的には、子どもたちの発言を聞いたり学習活動を観察しながら、教師はその場でそれらの意味や価値、不足していることなどをみとり、指導目標に照らして適切な対応や処置をすることです。教師には、子どもを観察する力や子どもを理解する力、子どもの状況に応じて臨機応変に対応する力が求められます。ここでは指導と評価が明確に区別されません。これは高度な指導力であり、ここに評価力は授業力だといわれる理由があります。

　指導と評価を一体化させた手だてには、従来導入、展開、終末といわれてきた、本時の課題設定、課題追究、まとめの各場面において、たとえば次のような手だてをとることが考えられます。

- 本時の課題に対して予想させることで、課題を捉えているかどうかを把握することができる。予想が不十分な子ども、予想ができない子どもには、再度資料などに目を向けさせて疑問をもたせたり、友だちの予想を参考にさせたりして予想するよう促す。
- 課題追究の場面では、一人一人の主体性を尊重しつつ、つまずいている子どもには、学習の仕方を丁寧に指導する。また、作業の速い子どもや作業などを終えた子どもには、ほかの子どもを支援したり、ほかの視点を提示してさらに深く追究したりするよう助言する。
- まとめる場面では、本時の課題について学習の成果をまず書かせる。それらを発表させることで、自分のまとめた内容と比較させたり、友だちのまとめたことを参考にさせたりする。不十分な子どもには友だちのまとめたことや板書事項を参考にして再度書かせ、より確かな内容に修正させる。

（6）子どもの実態を指導計画作成に生かす

　私たちは病気にかかったりけがをしたりしたときには、病院で治療や処置を受けます。そのとき、病院の医師はどのように対処しているでしょうか。医師の行動を観察していると、教師が指導するとき、事前にどのようなことが求められるのかがわかってきます。

　医師は患者を初診するとき、まず「どうしましたか」「具合が悪いのはどこですか」「いつごろからこのようになりましたか」などとたずねます。顔などの表情も丁寧に観察します。体温や血圧を測ることもあります。これらはすべて、医師が患者の病状や症状を把握し、病因を探る営みです。一般に、「診察する」といわれます。医師は入手した情報をもとに、当面の治療方針を決定します。このあと、診断の方針にもとづいて処置したり薬剤を決定し投与したりします。それらは患者に説明されます。

　学習指導案に、授業者が事前に調査した子どもの実態が書かれていることがあります。ところが、調査の結果が紹介されているだけで、それらを指導計画作成にどのように生かしたのかが十分読み取れないものが少なくありません。なかには、把握した子どもの実態とかけ離れた指導計画が作成されていることもあります。

　教師が子どもたちの実態を調査し把握する行為は、学習（指導）前において子どもたちはどのような状況にあるのかを評価することです。たとえば知識に焦点をあてると、これから指導する教材や題材に関して、基礎となる知識（すでに学習済みの知識）をどの程度習得しているか。また、これから習得・獲得する知識をすでにどの程度身につけているかなどが調査の主な対象になります。知識の習得状況を把握することは、これからの学習の指導計画を作成するうえで重要な情報になります。過去に学んだ知識が定着されていない場合には、学び直しが必要になります。これから学習する知識をすでに身につけている場合には、その子どもに出番をつくります。

　実態調査は子どもたちの課題や状況に寄り添い、より充実した指導を展開するために行われます。調査の内容は、これから教師が取り上げる指導内容や子どもたちが取り組む学習活動などと関連づけて決定します。

　子どもの実態を把握する営みは、子どもの現時点の状況を評価することです。これを診断的評価といいます。調査の結果は指導計画の作成に生かされてはじめて意味をもちます。これは「指導に生きる評価」のひとつの具体的場面です。実態を踏まえた指導計画を作成しなければ、子どもの実態を調査する意味がありません。

（7）子どもの学習成果を見きわめ、つまずきをなくす

　子どもたちの学習成果が最終的に現れるのは、主に授業の終末です。1単位時間では本時のまとめの場面であり、単元や題材のケタでいえば、主として最終の時間です。ここでいう学習成果とは、本時のあるいは単元や題材の目標（ねらい）が実現されている状況のことです。

　教師が学習の成果を見きわめるには、子どもたちに自らの成果を表現させる必要があります。見える化するか発言させるかしなければ、教師は学習成果を把握し理解することはできず、適切に対応することができません。

　授業の場で発言させることには人数的に限りがあります。すべての子どもに発言させることは時間的にも無理です。また、発言の内容はその場で受けとめることができますが、一過性のものです。あとに残りません。

　学習成果を見きわめる有力な方法は、書かせてあとに残すことです。書かれた内容をその場であるいは時間をおいて読み取ることで、すべての子どもの学習状況を客観的に把握し評価することができるようになります。子どもが書き残すという学習活動と教師が学習成果を見きわめるという行為を一体のものとして捉えることが重要なポイントです。

　ただ、見きわめて終わりにしてしまうのでは意味がありません。教師にとって、指導の目標（ねらい）に照らして満足できる状況であるのかどうかを判断する必要があります。ここでのポイントは判断した結果、教師はそれにどうリアクションするかです。判断した結果を記録に残すこともよいのですが、さらに重要なことがあります。それは、特につまずいている子どもや成果が不十分な子どもがいたとき、それらの子どもに再度指導することです。

　「指導に生きる評価」といいますが、このことは何か特別なことを行うことではなく、評価してつまずいている子どもや遅れがちな子どもがいたとき、その状態にとどめておくのではなく、そのつまずきや遅れをなくすために指導することです。子どものつまずきがなくなったときや遅れが回復したとき、「評価が指導に生きた」「指導に生きた評価が行われた」といえます。

　授業とは子どものつまずきを解決しながら、成長させていく営みです。子どものつまずきを見いだすことが評価であり、つまずきをなくし、一人一人を伸ばす営みが指導だといえます。評価と指導は相互に関連した一体的な行為です。

（8）「評価と指導の計画」－作成のポイント

　従来から「指導計画」といわれてきましたから、「評価と指導の計画」といういい方は馴染みが薄いかもしれません。指導計画に「評価計画」が記載されているものもありますが、それが指導計画と一体になっていないものもみられます。こうした状況を踏まえ、評価結果を指導に生かすことを重視する観点から「評価と指導の計画」と表記しました。ここでは、本時の指導を念頭に、「評価と指導の計画」を作成する際の手順を述べます。

①　目標（ねらい）を設定する。1単位時間に実現可能な内容にすることがポイント。できるだけ具体的に示すことが評価にあたって重要になる。

②　目標を実現させる筋道を明らかにする。これは指導の過程を計画すること。子どもたちが主体的に問題解決していくように、教師の発問や指示を構成し、子どもの学習活動を組み立てることがポイントである。

③　本時の山場を定める。ここは本時の目標を実現させる場面でもあり、多くの授業では終末に設定される。

④　終末場面において、本時の目標に照らして、子どもの学習状況を見きわめるものさし（評価規準）を設定する。ここでの評価規準は、教師が目標をおおむね実現したと判断できる状況であること。子どもに記述させたい例文でもよい。

⑤　評価の方法を示す。これは何を対象に評価するかということ。一般に、行動観察、発言内容やノートの記述内容の分析などが多いが、評価の公平性、客観性などの観点から、ノートや作品など実際に表現されたもの（表現物）を対象にすることが有効である。

⑥　授業において、すべての子どもが目標を実現していると判断されることが望ましいが、つまずいている子どもがいる場合がある。そうした子どもがいたときに、教師はどのような手だてを取る予定なのかを示す。一方、目標をクリアした子どもには、さらに発展的な指導を計画することもできる。これが本時の終末における「評価を指導に生かす」営みである。

　ここでの重要なポイントは、⑥にあります。これまでは④や⑤の段階まで示されているものはみられましたが、⑥の内容が具体的に計画されたものは少なかったように思われます。ここでは、⑤の評価から⑥の指導への展開過程を重視していることから、「評価と指導の計画」と名づけています。

（9）子どもが自らの学習の改善に生かす

　文部科学省からの「通知」（平成31年3月29日）は、「学習評価の改善の基本的な方向性」として、評価結果を「教師の指導改善につながるものにすること」とともに、「児童生徒の学習改善につながるものにしていくこと」を求めています。ここでは、評価結果を生かす主体者は教師だけでなく、子どもも位置づけています。

　こうした指摘の背景には、子どもに評価（評定）の結果を伝えるとき、学期末や学年末など事後に伝えることが多くみられたことがあります。そのため子どもたちは進行中の学習の改善に生かすことが十分できませんでした。また、これまで、評価は教師が行うもの、評価の結果は子どもや保護者に伝えるもの、結果の扱いは子どもに任せるものといった考えがありました。

　どの子どもにも確かな学力を身につけさせるには、もしつまずいた子どもがいた場合、子ども自身が教師の助言などを受けて早期に解決することが求められます。そのためには、子ども自身が教師からの評価情報を自らの学習の改善に生かすことが重要になります。

　評価の結果を自らの学習の改善に生かす力は、自己を自ら教育する力であり、自己をさらに高めようとする力です。自己教育力は、生涯学習社会において将来にわたって主体的に学びつづけていくために必要な力でもあります。これは主体的に学習に取り組む能力や態度であり、「生きる力」を形づくるものです。

　評価は教師が行うものという前提に立つと、子どもたちは教師の設定した目標や評価規準を意識して努力することになります。このことはもちろん重要ですが、子どもたちが教師という他者の評価によって自己を理解し、成長するだけでは不十分です。自らが目標を設定し、自らの評価規準で学習状況を捉えることにより、子どもは学習したことの達成感や成就感を味わい、新たな課題を意識します。このような趣旨の自己評価は自己をさらに高めていこうとする自己教育の意欲と能力と態度の形成につながります。

　通知には「主体的に学習に取り組む態度」の観点に関連して、「自らの学習を調整しようとしているかどうかを含めて評価する」と示されています。近年、学習の自己調整ということがいわれますが、子どもが自己教育力を身につけるには、教師が子どもたちに評価情報を日常的に提供し、一人一人が自らの学習をどのように改善しようとしているかを観察・評価することが重要になります。

（10）子どもや保護者への評価情報の提供

　各学校では通知表を作成し、個人面談を実施してします。これらは子どもの様子を伝える重要な手段や機会ですが、通知表に代表されるように、伝達する時期が学期末や学年末など学習の終了後でした。個人面談は時間の関係もあり、学校や教師のいい分を伝えることが多かったようです。

　個人面談の実施時期にもよりますが、通知表の所見内容と個人面談の内容が重複することがあります。所見としては記述されないことが、個人面談で話題になることもあります。学校の働き方を改革する趣旨から、通知表の「所見欄」をなくしている学校があります。その分、保護者との個人面談をより丁寧に行っているといいます。

　保護者に評価に関する情報をいつ、どのように提供するかということは、保護者が家庭で子どもの成長によりよく関わるために重要な課題だといえます。１年間という時間を視野に入れて、通知表のあり方や学校の行事として行われる個人面談の時期や内容を各学校で検討してみてはどうでしょうか。個人面談では、家庭ではみられない、授業中の優れた発言や意外な行動などエピソード（逸話）を伝えるとよいでしょう。

　評価情報の提供には、フォーマルな方法とインフォーマルな方法があります。後者の多くはイレギュラー（不規則）な形で行われます。必要な子どもの保護者に対して、必要な事項を比較的早期に伝えていますから、時期は特定できません。この場合の情報には、たとえば「算数科の時間に分度器を忘れたのですが、学校に備えられていたものを使いましたので、学習が遅れることはありませんでした」「読書感想文のコンクールでみごと努力賞を受賞しました」などがあります。ネガティブな情報だけではありません。

　子どもたちに対しても評価情報を日常的に提供し、子ども自身が自らの学習の改善に生かすよう促します。多くの場合、授業中における指導や助言として行われます。放課後などに個別に時間をとって行うこともあります。ここでの評価情報は学習のことにとどまらず、学校生活の全般にわたっています。

　これからは、一人一人の子どもを中心に据え、学校や教師と保護者が同様な考え方と課題意識をもって子どもに関わり、子ども自身が自己を自ら高めるために、学習評価の情報が生かされることが重要になります。各学校ではそのための指導と評価の考え方や体制を確立し、具体的な方法について共有するようにします。

＼コラム／　観点の総括的な評定

　学校では学期ごとに通知表に成績をつけます。学年末にはこれに指導要録が加わります。通知表や指導要録は、教科ごとに評価の観点が示されています。観点別に評定するようになっており、記載にあたっては、観点ごとに評価結果を総括して評定する作業が必要になります。

　ここでは、ひとつの事例をもとに、総括的な評定の方法について考えます。N男さんの観点ごとの成績は、学期の順に次のようでした。

- 「知識・技能」……………………………B・C・A→総括すると〔　〕
- 「思考・判断・表現」………………B・B・A→総括すると〔　〕
- 「主体的に学習に取り組む態度」……C・B・A→総括すると〔　〕

　指導要録等に記載するとき、これらの評価結果をどのように処理し、評定したらよいのでしょうか。これらの結果を機械的に処理すると、いずれの観点も「B」になります。これに問題はないのでしょうか。

　知識や技能には量的な意味合いがあり、学習をとおして積み上げていくものです。そのため、各学期に学習した知識や技能の習得状況を平均化することができます。上記の「B・C・A」は「B」になります。このほか、「A・B・B」「C・A・B」なども「B」になります。

　それに対して、思考力、判断力、表現力などの能力には質的な意味あいがあり、子どものなかで螺線状（スパイラル）にはぐくまれていくものです。1学期に「B」や「C」だった子どもが、3学期に「A」になったのは成長の証しであり、本人が努力したからです。上記の「B・B・A」を機械的に処理すると、「B」になりますが、「A」にまで成長した事実を踏まえると、「A」と判定したいところです。

　こうした判定の仕方は、「主体的に学習に取り組む態度」の観点についても同様にいえます。

　このように、「知識・技能」と「思考・判断・表現」や「主体的に学習に取り組む態度」の観点は、その趣旨を踏まえて区別して判定方法を決定する必要があると考えます。

Ⅱ章 「指導と評価の一体化」の実際
― 教師のリアクションを考える ―

本章の趣旨

　「指導と評価の一体化」というフレーズがいわれるようになってから久しく時間がたちます。しかし、理念はなんとなく理解できても、実際の授業において、教師はどのような役割を果たすことなのかがわからないと、いまなお耳にします。これまで具体的に議論されることが少なかったようです。「指導に生きる評価」についても同様なことがいえます。

　教師は発問をして子どもたちに発言を促すのですが、発言のさせっぱなしの授業が散見されます。教師が指示して活動を促すのですが、活動のさせっぱなしの授業も目立ちます。授業において教師はどのような役割を果たすべきか。教師は子どもの発言や活動にどのように対応（リアクション）したらよいのかを具体的に検討する必要があります。

　リアクションとは反応することです。リアクションの「リ（Ｒｅ）」には、「再び」とか「繰り返して」という意味があります。単なるアクションを起こすことではなく、働きかけたことの結果や応答に向き合って、再びアクションを起こすことです。教師のリアクションは子どもたちの学力形成と深く関わっています。

　そこで、本章では、まず「指導と評価の一体化」とは、子どもたちの反応に正対して、教師が適切にリアクションすることであると捉え、具体的な姿や行為を整理しました。教師のリアクションのある授業は、特別な授業を展開することではなく、子どもたちが快適にかつ最適な状態で学習を展開することであり、それによって学力をつけていくことであると考えました。

　評価力は授業力そのものだとの考えに立ち、授業において展開される子どもの発言や活動に対して、教師はどのようにリアクションしたらよいのか。どのような言葉で切り返したらよいのか。「演習題」として提示した事例をもとに、具体的な場面における教師の役割を考えました。

1 「指導と評価の一体化」とはどういうことか

(1) 授業に見る「指導と評価の一体化」の姿

　授業における「指導と評価の一体化」が求められると、これまでとは違った特別な授業をしなければならないと受けとめがちです。しかし、本当にそうでしょうか。ここでは、日常の授業における教師の姿や行為から「指導と評価の一体化」の意味を改めて整理してみました。

　授業中、教師は自らが掲げた指導目標をすべての子どもたちに実現させるために、次のように授業を展開しています。

　授業者は予め作成した計画にもとづいて指導します。指導しながら、常に一人一人の子どもを観察し、学習状況を理解しようと努力しています。把握した学習状況を授業者が設定したそれぞれの場面の目標（ねらい）に照らして判断・評価し、課題（つまずき）や成果（よさや優れた点など）を見いだそうとしています。そして、その場で評価した結果をもとに次の手だてを考え、指導しています。

　ここでは、指導しながら、子どもたちの観察と学習状況の理解と、それらの判断・評価、さらに結果にもとづいた指導が瞬時にかつ一体的に行われています。指導から評価、評価から指導のあいだには時間の差がほとんどありません。指導と評価が文字どおり一体に行われています。

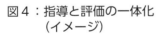

図4：指導と評価の一体化
（イメージ）

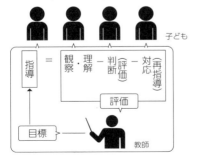

　優れた教師は、授業の場で指導と評価が一体化した一連の行為を瞬時に計画し実施しています。ポイントは、授業の場で子どもの発言や活動などの反応をいかに観察し、いかに受けとめるか。そのときの状況に対していかに対処し指導するかということです。ここでは、教師の観察力、理解力、判断力、対応力（再指導力）が求められます。これらの能力を総合化したものが授業力だといえます。

　「指導と評価の一体化」とは教師の授業力が問われている問題です。

（2）教師の評価に「授業力」が反映する

　指導と評価が一体化した授業には、授業者の観察力、理解力、判断力、対応力（再指導力）が求められることを前述しました。

　観察力とは、子どもを観る目です。一般には、活動や行動や態度、ノートの記述や作品など目に観えるものを観察することをいいますが、もうひとつの子どもを観る目に、目に観えない子どもの内面を透視する目（力）があります。これは目に観えたことをもとに、心の奥を推し量ることです。これによって子どもの本心や本音が観えてきます。ここでは、子どものなにげないふるまいに注目したり、不規則に発するつぶやきに耳を傾けたりするなど、教師には観察力とともに、研ぎすまされた鋭敏な感覚と洞察力が求められます。

　理解力とは、観察したことをもとに子どもの現在の学習状況を把握することです。なぜこのような行動をとったのか。どうしてこのような内容をノートに書いたのかなどを捉えます。観察したことの背景や根拠を探ることもあります。この段階では憶測や思い込みを排除し、学びの事実として受けとめます。

　判断力とは、学びの事実をどう受けとめるのかということです。具体的には、目標に達成しているか。優れていることや課題は何か。学びに過不足はないかなどの観点から子どもの学習状況を見きわめます。子どもの学びに対して、判定し判断を下すことでもあります。こうした教師の営みを一般に評価するといっています。

　対応力とは、判断した結果を踏まえて、次の指導の方針や方法を考え、実際に実行することです。たとえばつまずいている子どもには、つまずきを解決するために複数の手だてを考え、そのなかから有効な手だてを選択して指導に移します。課題が解決されたとき、対応（再指導）が十分だったということになります。観察力や理解力などとちがい、対応力は子どもとの関係で展開され成立しますから、狭義の指導力ともいえます。

　子どもを観察する、理解する、判断（評価）する、対応（再指導）するという教師のさまざまな行為は時間を追って順に行われるというよりも、一体的に行われるものです。「指導と評価の一体化」という取り組みは、日々の授業において当たり前のこととして行われるもので、特別なことをすることではありません。教師の評価には授業力が反映するといわれる所以がここにあります。

33

（3）評価の目的は子どもの「学力」を高めること

　学習評価には多様な機能があることを先に整理しました。機能とは目的にしていることといい換えることができます。ここでは、改めて教師はなぜ子どもの学習状況を評価するのかについて考えます。

　「指導と評価の一体化」が重視されるようになったのは、自ら学ぶ意欲や思考力、判断力、表現力などの資質・能力をはぐくむことが重視されるようになってからです。知識や技能の習得を重視した評価が行われていたころは、評定して、通知表を作成することに関心が集まり、「指導と評価の一体化」や「指導に生きる評価」などのフレーズはそれほどいわれませんでした。

　教師による評価は、子どもの観察、理解、判断（評価）、対応（再指導）という教師の一連の行為のなかに位置づいていることを前述しました。ここでの評価は、子どもの成績をつけるためではなく、次の指導につなげるためです。評価はゴールではなく、次の指導へのスタート台だといえます。

　評価の結果を次の指導に生かすことによって、授業がさらに充実し、授業の質がさらに高まります。質が高まるとは、深まりのある学びが展開されるようになることであり、その結果、子どもたちの学力が向上することをいいます。たとえば学習につまずいている子どもや学習の遅れがちな子どもを見いだせたことが、評価が行われた証しです。そうした子どもたちがいたとき、授業者はその状況を放置することなく、その子どもたちに温かく寄り添って指導します。その結果、学習のつまずきや遅れが解決されます。

　教師は評価した結果をもとに、自らの指導方法を改善させます。それによって授業がさらに充実し、子どもたちの学力が向上していきます。評価の目的は子どもたちの学力を高めることにあります。教師の評価力は子どもの学力保障と深い関わりがあるといえます。教師の評価力は授業力そのものです。

　このことは、教師の評価力が、子どもに形成される学力を大きく左右することを意味しています。それは学力がつく、つかないといった程度の差だけでなく、学力の中身にも影響します。学習指導要領では「3つの柱」から構成される「資質・能力」が重視されています。このうち、特に「思考力、判断力、表現力等の能力」や「学びに向かう力、人間性等」といった資質・能力の育成には、教師の評価力がもろに投影されます。

（4）子どもの発言や活動を「教材」として生かす

　授業中、教師の発問や指示などによって、子どもたちは発言や活動が促され、さまざまな内容を発言し、活動を展開しています。ここで重要なポイントは、教師が子どもの発言や活動をいかに受けとめるかということです。言わせっぱなしや聞きっぱなし、ただ見ているだけでは、評価したことにはなりません。まして、評価した結果を生かすことはできません。

　子どもたちの発言内容は、それぞれの子どもが理解したことであり考えたことです。子どもたちの活動は自らの意思にもとづいて展開されます。これらの内容には優れたものがあり、誤っているものや不足しているものもあります。その子どもらしい個性的でユニークな内容もあり、画一化された内容もあります。これらのことを理解し、判断することは教師が評価している証しです。こうした場面で子どもたちの発言や活動を指導に生かさない手はありません。

　ここでいう「生かす」とは、優れた考えやユニークな内容を学級全体に紹介し、検討したり共有したりすることです。これにより、より深い学びが成立します。また、誤った内容を発言した子どもには、個人の立場を配慮して個別に指導することもありますが、「○○さんの意見」という形で学級全体に紹介することで、全員でよりよい考えや解決策を協議することができます。

　こうした趣旨から、子どもたちの発言や活動を生かすということは、それらを「もうひとつの教材」として捉え、活用することだといえます。一般的な教材とは、教科書に代表されるようにすでに用意されていますから、「あるもの」です。それに対して、子どもたちの発言や活動は、授業のなかで生み出されたり展開されたりするものですから、教材に「なるもの」です。子どもたちの発言を聞いたり活動を観察したりして、それらに「教材」としての価値を見抜き、生かすことはひとえに授業者の腕にかかっています。

　「指導と評価の一体化」を考えるとき、授業のなかで創出される子どもたちの発言や活動を「もうひとつの教材」として捉え、その場で生かすことは評価結果を指導に生かしている行為にほかなりません。こうした行為は予め指導計画や学習指導案に示すことが困難です。授業者は子どもの発言や活動を授業に生かしたいという願いと姿勢をもって授業に臨み、子ども理解とその判断、それにもとづいた瞬時の対応が求められます。

35

（5）重要な意味をもつ教師の「リアクション」

　リアクションとは反応のことです。英語でReactionと表記されます。これはAction（活動、実行）に「Ｒｅ」を冒頭につけたものです。手元の英和辞典によると、Ｒｅには「再び」とか「新たに」「繰り返して」といった意味が示されています。

　ここでいうリアクションとは、子どもの発言に対する教師の主として言葉による新たな切り返し（助言）のことです。リアクションする目的は、評価結果を生かし、深い学びを実現させることにあります。

　授業を観察していると、子どもたちが活発に発言しているのですが、授業者はただ聞き流しているだけで、発言を受けとめた授業者の適切なリアクション（助言や再指導）がみられません。言わせっぱなしになっていることが多いようです。子どもたちの発言を価値づけたり意義づけたり、さらに方向づけたりすることがほとんど行われていません。そのため、学びに深まりが見られず、子どもたちは学びの成果を確認できないままに次の活動に移行しています。教師には子どもたちの発言を評価し、結果を生かす手だてが求められます。効果的な手だて（リアクション）をとるためには、この場で何を確認するのか。どの方向に導いていくのかといったねらいをしっかりもっている必要があります。

　教師が子どもの発言にリアクションをすることには、たとえば、当該の子どもに発言内容を定着させる。思考や理解の仕方を確認する。学びの成果を深めたり広げたりする。学びの方向性を変える。多面的な見方・考え方を促す。誤りや不十分さに気づかせるなど多様な意味や効果があります。また、当該の子どもへのリアクションの様子や教師の助言を周囲の子どもたちに聞かせ、ほかの子どもの参考にさせるというねらいもあります。

　子どもの発言に対して効果的なリアクションは、授業者が子どもの発言を受けとめ、真意を理解するとともに評価することです。そして、その生かし方や対処の仕方を瞬時に考え、助言の言葉を発することです。これにより、子どもは思考が促され、理解を深めていきます。ここでは、子どもの発言の理解と判断（評価）と指導・助言が一体に行われます。これは指導と評価が一体化されていることであり、評価が指導に生かされている姿だといえます。こうした展開過程はＰＤＣＡサイクルの「ＣＡ」にあたります。

（6）リアクションのために「つなぎ言葉」を用いる

　子どもたちの発言を受けとめたリアクションが効果的にできるようにするためには、また、それによって子どもたちの学びをさらに深まりのあるものにするためには、授業者に次のような姿勢や手だてが求められます。

　第一に求められることは、授業者が指導のねらいをしっかりもち、子どもたちを導くゴールを明確に意識していることです。それらの方向に沿ってリアクションが行われることがなにより重要です。このことによって、指導のねらいがより確かに実現していきます。発言させることだけをねらいにしていると、教師は発言することだけに関心が向き、内容を吟味することが疎かになります。まして発言を教材として生かそうとする意識は働きません。

　第二は、子どもの発言を聞きながら、発言のどこに注目させてリアクションするかを見きわめることです。これは指導のねらいや意図とも関連しています。また、日ごろからどのような子どもを育てたいか。どのような子どもに成長してほしいかをイメージしておきます。そのためには、授業における教師の役割は子どもたちの思考を促すことや理解を深めさせることにあると認識していることが重要です。子どもたちは教師がリアクションしたひと言で自らの思考や理解を深化したり修正したり、さらに具体化したり抽象化したりしていきます。

　第三は、リアクションする際のキーワードを用意しておくことです。ここでいうキーワードとは接続語のことです。接続語は文章を構成する要素のひとつで、文と文をつなげ、両者の関係性を明確にします。接続語はつなぎ言葉ともいわれ、短文を複文や重文にし、思考や理解を深めます。つなぎ言葉を広く捉えると、たとえば「つまり」「まとめると」「たとえば」「比べると」「結びつけると」「だから」「しかし」「でも」などがあります。

　接続語には子どもの発言と教師の意図やねらいを結びつける役割があります。教師のリアクションの用語として身につけ、自らの指導の「引き出し」に用意しておきます。そして、いつでも指導のねらいに即して必要な場面で必要な接続語を使えるようにしておくとよいでしょう。

　さらに、子どもたちがこれらの接続語であるつなぎ言葉を使って発言したり、友だちに質問したりできるようになると、学級全体で学び合う雰囲気や土壌ができ、深い思考や理解が期待できる学習集団に成長していきます。

2 演習「子どもの発言に どうリアクションするか」

演習にあたって

リアクションするとは、子どもの発言や活動に対して、教師として言葉で反応すること、すなわち切り返すことだと述べました。タイムリーなリアクションができるようにするには、子どもの発言したことの価値や課題を瞬時に判断・評価し、切り返しの言葉を瞬時に選択し決定しなければなりません。このことには、授業者として一定の研修と演習が必要だと考えます。

本節では、演習の課題として子どもの具体的な発言を紹介しました。そのあとに、この場面におけるリアクションの仕方をひとつのサンプルとして解説しています。これは筆者の考えです。指導のねらいによって、ほかのリアクションの方法を考えることもできます。

演習題を読んだあと、解説を読み進めるまえに、示されている子どもの発言に対してどのようにリアクションしたらよいか、次のような手順で作業を進めます。

・まず、子どもの発言のどこに注目するか、キーワードを見つけます。またどうしてその言葉に、あるいはその表現の仕方に注目したのかを確認します。こうした見方や作業は子どもの発言を評価していることでもあります。

・次に、どのような言葉でリアクションをするか。切り返しの言葉を考えます。これは、評価をもとにいかに指導するかを考えることであり、評価と一体化した授業の姿でもあります。

子どもの発言を受けて効果的にリアクションするためには、次のような教師の姿勢が求められるといえるでしょう。

・授業者が指導の意図やその場のねらいをしっかりもって授業に臨んでいること

・子どもの発言を受容的、共感的に受けとめ、子どもを理解しようと努めていること

・子どもの発言の内容を生かしながら、授業をよりよく展開しようという姿勢で臨んでいること

・当該の子どもはもとより、学級全体に目配りし、すべての子どもたちの学びを深めていくことに専念していること

これらのことを演習をとおして学んでほしいと願っています。

（1）ぼくの家は北のほうにあるよ

> 学校の周りの様子を表した絵地図を見ていたときです。悟さんは地図を指さして、「僕の家は北のほうにあるよ」と発言しました。地図を見ると、悟さんの家は確かに地図の北の方向にあります。この発言に対してどのようにリアクションしたらよいでしょうか。

　ここでは「北のほうにある」と発言したことに注目します。地図を活用して、方位を使っていますから、社会科らしい発言です。

　まずは、「地図を見ながら、自分の家の場所をよくいえましたね」と、発言したことを褒めてやります。褒める内容はほかにもあります。

　大人でも方角を正しく使っていえないことがあります。掲示してある地図を見て、北のほうにある建物や地名などをつい「上のほう」などといってしまいます。上は空ですから、社会科的には正しいいい方でありません。悟さんは「北」という方角を使って説明しましたから、このことをまず褒めてあげたいです。ただ、地図のなかには、「上」が北の方角になっていないものもありますから、地図に示されている方位を確認することの大切さを指導します。

　ここには大事な改善点があります。それは悟さんがどこを基点に「北」といったのかということです。学校から見て北の方角にあるものでも、ほかの場所から見ると、西に位置していたり南に見えたりします。方角は基点にした場所によって変わってきます。

　ここでは、悟さんに方位を使って発言したことをまず褒めたあと、「どこの場所から見て、北のほうなのですか」と切り返します。これによって、基点にしたものを確かめることができます。すると「学校のある場所から見ると、僕の家は北の方角にあります」などの発言が返ってきます。

　こうした助言によって、方位を使って位置を表すときには基点を明確にするという地図活用の基本を学んでいきます。なお、「北のほうにある」とは大雑把ないい方です。八方位を学んだ子どもたちには、北の方角のほかに北東、北西といったより正確ないい方を使って発言できるように指導します。

　発言のよさと課題に注目してリアクションすることがポイントです。

（2）工場のおじさんは大変だったよ

> 地域にある部品工場を見学して、学校に戻ってきてからのことです。茜さんは「おじさんたちの仕事は大変だったよ」と感想を述べました。すると、子どもたちから一斉に「同じデース」と同調する反応が返ってきました。このとき、茜さんにどのようにリアクションしますか。

　ここでは、茜さんの「大変だった」に注目します。茜さんは仕事のどのような事実を踏まえて「大変だった」と感じたのでしょうか。このことは茜さんに確かめてみなければ、子どもたちも教師もわかりません。子どもたちは「同じデース」と同調していますが、本当に同じなのでしょうか。このことも確認する必要があります。

　ここでは、教師が「茜さんはどうしておじさんたちの仕事が『大変だった』と思ったのですか」とリアクションします。

　茜さんは、「おじさんが『注文された部品を約束の時間までにきちんと届けないといけない。道路が渋滞すると間に合うかどうか心配になります』といっていたからです。約束を守らなければならないから、おじさんの仕事は大変だと思いました」と、茜さんが「大変だ」と捉えた中身を具体的に説明しました。このことで、茜さんが「大変だった」といった根拠や理由が明らかになりました。

　すると、「同じデース」といっていた子どもたちが一斉に挙手をしてきました。「僕の『大変だ』は違います」「私の『大変』はほかにあります」と発言を求めてきたのです。教師がそれらの子どもを指名して理由を聞きました。すると、「おじさんは、僕がもう寝ている夜の10時ごろまで毎日仕事をしていると聞いたからです」「おじさんの手を見たら、油で黒く汚れていたからです」などの反応が出されました。

　工場のおじさんの仕事は「大変だ」という表現に一旦は同調した子どもたちでしたが、実はその根拠や理由にしていた事実に違いがあることが明らかになりました。

　「大変だ」という言葉は抽象的な表現です。具体的なことを聞き出し、理由を引き出さなければ、その実態はわかりません。茜さんの「大変だ」の発言を見逃さず、注目してリアクションすることによって、子どもたちは「大変だ」の中身が多様にあることにも気づくことができ、工場の仕事の厳しさや大変さを具体的かつ多面的に認識させることができます。

（3）この道具は昔のものだよ

地域の郷土資料館を訪ねて古い道具のつくりや使い方を調べていたときです。朗さんは日ごろ見慣れない竿ばかりを見て、「このはかりは昔のものだね」といいました。先生は「そうですね」といっただけで、なんの言葉かけもしませんでした。朗さんの発言にどうリアクションするべきだったのでしょうか。

　ここでは、朗さんが「昔のもの」と発言したことに注目します。小学校低中学年の子どもたちは古いものを見たり過去のものに接したりすると、すべて「昔のもの」と、ひとまとめにして捉える傾向があります。子どものいう昔とは、いまの現実を除いてすべて過去のこと（もの）として捉える傾向があるようです。「古いもの」＝「昔のもの」というステレオタイプの見方です。そこには、「いまと昔」という２つの区別（これを今昔の違いといいます）だけで、明確な時間軸がありません。

　生活の古い道具調べは３年の社会科で行われています。いまではほとんど使用されていない竿ばかりを見て、朗さんが「昔のものだ」と判断したことはむしろ当然のこととして受けとめる必要があります。ここでは３年であることを配慮して、次のようなリアクションが求められます。

　「朗さんは『昔のものだ』といいましたね。いまのものではないと気づいたことはとてもよいことですよ。ところで、この竿ばかりはいつごろのものだと思いますか。みなさんのお父さんが子どもだったころに使っていたものでしょうか。お祖父さんが子どものころに使っていたのでしょうか。それとももっと前でしょうか」

　これは、子どもたちに時間軸を意識させ、それに竿ばかりを位置づけさせるための助言です。こうした切り返しをすることで、子どもたちは竿ばかりが使われていたおよその時期を意識するようになります。

　ここでは、大正、昭和、平成、令和の元号、西暦○○○○年、いまから○○年前、お祖父さんが子どものころなど、時間のものさし（時間軸）にはさまざまないい表し方があることを指導します。これらの時間軸を年表などに表すときに使えるようにします。

　時間軸を指導することによって、今昔の違いだけでなく、道具をはじめ、社会の事象や出来事が移り変わってきたこと（変化、変遷）に気づかせることができます。このような歴史的な見方を養う重要な場面です。

（4）自動車工場は広かったよ

> 自動車工場を見学しました。教室に戻ってきた子どもたちに感想を聞いたところ、子どもたちは一斉に「工場はとても広かったでーす」と反応しました。敷地の広さに驚き、強いインパクトを受けたようです。先生は「そうでしたね」と同意しました。そして、「ほかに、どんな感想をもちましたか」と、次の発言を求める発問をしました。どうリアクションするべきだったのでしょうか。

　ここで着目するポイントは子どもたちの「とても広かったでーす」の発言です。なぜこの言葉に注目するのでしょうか。また、この発言を教師はどのように受けとめ、どうリアクションしたらよいのでしょうか。教師はこの場で、次のように切り返すことが考えられます。

　まず、ここで確認したいことは、何が「広かった」のかです。工場の建物の内部なのか。工場全体の敷地なのかが不明確です。ここでの子どもの発言内容の主語の「工場は」が曖昧だからです。主語を明確にして表現することは、事実や意見などを表明するうえで重要な原則です。ここでは、まず、「何が広かったのですか」と、主語を確認するリアクションをします。

　次に、「みなさんは『広かった』といいましたが、何と比べて広いと判断したのですか」とたずねます。広いとか狭いということは、それ自体で単独に判断することができないからです。ほかのものと比較することによっていえることですから、比較の対象を明確にしなければなりません。たとえば、「僕たちの学校の敷地と比べると、何倍もあるからです」「学校の近くにあるネジをつくっている工場と比べました」などの反応を引き出します。

　また、「広い」ということを感覚的な判断でいい表すこともできます。たとえば「工場のはずれのほうがよく見えないほど広かったからです」「敷地のなかをバスで移動したので、広い敷地なんだなあと感じました」などの反応です。

　授業では、広い・狭いのほかに、高い・低い、深い・浅い、暑い・寒い、速い・遅い、高い・安いなどの用語がたびたび使われます。東京タワーは近くのビルと比べると高いですが、スカイツリーと比べると低いです。比較することで明確になる用語が登場したときには、比較の対象を明確にするよう指導します。事象を比較して判断することは日常生活においても重要な行為です。

（5）ぼくの考えはみんなと違うよ

> みんなが同じことを考えていたときです。突然、陽一さんが「僕の考えはみんなと違うんです」といいました。先生は「もっとよーく考えなさい」といって取りあげてくれませんでした。教師は陽一さんにどのようにリアクションしたらよかったのでしょうか。

　日常生活において、ひとつの答えを求める風潮があります。これを「正解主義」といいます。また、だれにも同じことを要求したり期待したりする傾向もあります。これは「同調圧力」というそうです。

　こうした傾向は、これまで「個に応じた指導」や「個性重視の教育」を推進してきた学校教育においても、残念ながらいまなおみられます。

　このような世の中の風潮を踏まえると、陽一さんが「僕の考えはみんなと違うんです」と、自分の立場を明確に発言したことはとても立派なことです。陽一さんに勇気があったことはもちろんのこと、自立して学んでいる証しでもあります。教師は「もっとよーく考えなさい」と突き放していますが、これでは陽一さんの発言を否定しているようにも受け取られます。「みんなと同じように考えなさい」といわんばかりの言葉です。

　ここでは「陽一さんの考えはほかの人たちとどこがどのように違うのですか」と問いかけ、陽一さんの出番をつくって、いい分を説明させます。説明する内容は、ほかの子どもたちにとって違った捉え方や考え方を学ぶ機会になります。

　さらに、この場では、陽一さんに「違いだけですか。みんなと同じ考えはないのですか」と問い返し、同意できることを発言させます。「異同（相違）」という視点で見たり考えたり、さらに捉えたりすることは、物事を多面的に理解するための重要な手だてです。

　今日、多様性を尊重し合うことが世界で社会的な課題になっています。多様性とはそれぞれが違っていること異っている状態をいいます。学校教育においても、子どもたちを多様な存在として受けとめ、それぞれの違いを認め合い学び合う学習集団をつくることが求められています。この場は、子どもたちの人間関係を豊かなものにするためにも重要な場面だといえるでしょう。授業者には陽一さんの発言を受け入れる大きな度量と広い懐が求められます。

（6）水道の水が来ないと困ります

> 社会科の時間に「飲料水はどこからどのように届けられているのか」を調べていたときのことです。希子さんは「水道の水が来なくなると困ります」と切実な声で発言しました。先生は「そうですね。先生も困るわ」と同調して、「璃子さんはどうですか」と、次の子どもを指名しました。このような指名の仕方でよかったのでしょうか。

　ここで注目したいキーワードは、希子さんが発言した「困ります」の言葉です。授業者は「困ります」と発言した希子さんにどのようにリアクションしたらよいのでしょうか。

　希子さんは、飲み水が供給されていることを自らの生活と結びつけ、水道水の大切さと必要性を実感したのでしょう。「水道の水が来なくなると困ります」と、自らの心情をいい表しています。ここでは、「先生も困るわ」と同調して簡単にスルーしてしまうのではなく、希子さんの考えを確めるために、次のようなリアクションが必要です。

　まず、「だれが困るのですか」と問い返します。このことで、困るのは自分なのか。家族なのか。さらにほかにもいるのかを聞き出すことで、希子さんが考えている困る人が明確になります。社会科の学習ですから、水道水が来なくなると、希子さんだけでなく、家族のみんなが、学校の友だちが、そして、社会生活を営んでいる多くの人が困ることに気づかせます。

　次に、「どうして困るのですか」と問いかけ、具体的な場面を考えさせます。希子さんは「家で飼っている金魚の水が替えられないと、死んでしまうからです」と答えました。これは希子さんにとって切実な問題です。そこでさらに「困るのは金魚の水だけですか」と問い返します。これによって、子どもたちの視野は金魚鉢から家庭のなか全体へ、さらに学校や社会にも広がっていきます。水道の水が来ないと、家庭生活や学校での生活はもとより、社会生活や経済活動がストップしてしまうことに気づかせます。

　このように、希子さんの発言にリアクションすることで、子どもたちの理解が深まり、水道水を供給している事業（仕事）の意味や働きをより深く考えさせることができます。

44

（7）比べてみたら違います

> アサガオとヒマワリの葉っぱを比べた啓介さんは、「違っているところがたくさんありました」と発言しました。先生は「よく見つけたね」と褒めました。そのあと、「ほかに違いはありますか」とほかの子どもにたずねました。啓介さんの発言をどのように受けとめ、リアクションすればよいのでしょうか。

　ここで着目したいところは、啓介さんの「違っている」です。うっかりして見逃してしまいがちですが、次のような意図的なリアクションが考えられます。アサガオとヒマワリには、さまざまな部分（部位）に違いがあります。啓介さんは葉っぱに目をつけて、違っているところがたくさんあったと発言しています。丁寧に観察したことが想像されます。

　教師はアサガオとヒマワリは葉っぱに違いがあると発言したことに安心してしまったのか、「ほかに違いはありませんか」と、子どもたちの関心を拡散させていることが気になります。これでは葉っぱに対して思考が停止し、理解が深まりません。ここでは「啓介さんは、『葉っぱに違いがたくさんある』といいましたが、葉っぱのどこに、どのような違いがあるのですか」と突っ込みを入れます。葉の様子に焦点をあてて、詳しく観察させるようにします。こうした助言をすることで、子どもたちは葉の大きさ、形や色、枚数、葉脈、手で触った感触などの観点から、両者にさまざまな違いがあることに気づきます。

　横軸に「アサガオ」と「ヒマワリ」を、縦軸に葉の大きさ、形や色などの観点を書き入れた図表に整理すると、葉っぱひとつにも多様な違いがあることが見える化されます。こうした手だてによって、理解が深まります。

　このように、教師は啓介さんの発言に間髪をいれずにリアクションすることによって、子どもたちは、両者を比べるときには観点を設定することの大切さを理解します。観点を設定して比較する力や観察する力を身につけていきます。

　このあとに、「アサガオとヒマワリには、葉っぱのほかにどのような違いがありますか」と問いかけ、花や茎、全体のつくりなどに目を向けて、違いについてさらに理解を深めさせます。違いの理解はそれぞれの植物が有する固有な特色（特性）を理解することにつながります。

45

（8） この資料からわかりません

教師が配布した資料を見て話し合っていたときです。早苗さんは「私の知りたいことはこの資料からわかりません。ほかの資料がほしいです」と発言しました。先生は「そうですか」といっただけで聞き流してしまいました。この場面でどうリアクションすべきだったでしょうか。

　ここで注目したいところは、「この資料からわかりません」と発言したことです。この発言にはどのような意味があるのでしょうか。また、この場面で教師はどのようにリアクションしたらよいのでしょうか。

　授業では、問題を解決するために資料を活用することがあります。その資料は多くの場合、授業者が提示して、「資料からどのようなことがわかりますか」「資料からいえることはどのようなことですか」と問いかけます。そして、読み取ったことやわかったことなどを発表させたりノートに書かせたりします。それらを授業者は板書します。これが一般的な資料活用場面の指導です。

　早苗さんは「私の知りたいことはこの資料からわかりません」と発言しています。こうした発言に対して、教師は「もっとよく資料を見なさい」と助言することが多いようです。どのような場面でもいえることですが、「わからない」とはなかなかいえません。早苗さんのようにいえることは切実な問題意識をもっているからです。問題解決に主体的に取り組んでいる証しでもあります。

　早苗さんの「この資料からはわからない」という発言は、資料のもつ限界性に気づいていることでもあります。わからないことに気づき、「わからない」と勇気ある発言をしたこと、このことにまず称賛の言葉をかけます。これにより、子どもたちに「資料にはわかることと、資料からはわからないことがある」という資料のもつ有用性と限界性に気づかせることができます。ここでは、資料がすべてでも絶対でもないことを指導する場として生かすようにします。

　早苗さんは「ほかの資料がほしい」と、問題解決に必要な新たな資料を要求しています。これはきわめて優れた発言です。ここでは「早苗さんはどのような資料がほしいのですか」と、問い返したいところです。資料を請求する能力は、問題解決するために必要な能力だといえます。「そうですか」といって聞き流してしまう場面ではありません。

（9）今日の勉強はよくわかったよ

> 授業の終末でのことです。健太さんは「今日の勉強はとてもよくわかったよ」と満足そうに話してきました。先生は「よかったわね」といっただけでした。健太さんは少し不満そうな顔をしました。教師は、この場でどのようにリアクションすればよかったのでしょうか。

　ここでは「よくわかったよ」に注目します。学習を終えて「とてもよくわかったよ」と、教師に学習の満足感を伝えてきたことは、授業でわかったことがよほど嬉しかったのでしょう。本人の努力はもちろんのこと、授業者の指導がよかったからだと考えられます。ただ、教師が「よかったわね」と同調するだけではもったいない場面です。健太さんが少し不満そうな顔をしたのは、教師からなんらかの言葉をかけてほしかったからでしょう。

　ここでは、まず、「よかったわね。先生も嬉しいわ」と健太さんの言葉を受け入れ、共感の気持ちを伝えます。そのうえで、「どこがよくわかったのですか」「どんなことがよくわかったのですか」などとリアクションの言葉をかけ、健太さんが理解した内容を確かめたいところです。このことによって、教師が健太さんの学習状況を確認し評価することができます。併せて、健太さん自身が自らの学習の成果を再確認することもできます。

　また、「授業のはじめにはどのように理解していたのですか」「学習をとおしてはじめの考えがどのように変わったのですか」などと問いかけ、理解や思考の変容を確認させます。わからなかったことがわかるようになったこと、できなかったことができるようになったことを時間の経緯で意識させることは、学習することの大切さに気づかせるとともに、学習したことの成就感や満足感を味わわせることです。自らの学びの成長や変容を意識させ自覚させる行為は、健太さん自身が自己の学習を評価していることでもあります。

　さらに、「わからなかったことはなかったのですか」「もっと詳しく勉強したいことはどんなことですか」などと問いかけることも大切です。これは新たな課題を意識させることであり、学習をさらに持続・発展させることにつながります。「よくわかったよ」で終わらせず、養われた成就感や満足感をバネにさらに学習意欲が持続していくように助言します。

（10）農家の人はいろんな工夫をしているよ

> 農家の人の仕事を調べていたときです。美和さんは「農家では野菜を作るために、いろんな工夫をしていました」と発言しました。これに対して子どもたちは一斉に「いいデース」「同じデース」と反応しました。この発言に教師はどうリアクションすればよいのでしょうか。

　ここで最も注目したいキーワードは「工夫」です。授業の場では、抽象的な言葉がたびたび登場します。「工夫」もそのひとつです。国語科や社会科や理科などの教科では、このほかに「努力」「苦労」「特色」「働き」「役割」「様子」などの概念的で抽象的な言葉がたびたび使われます。

　抽象的な発言が出された場面では、概念をくだくためのリアクション（概念くだき）を行います。これは概念を具体化させることであり、演繹的な思考や操作を促すことです。

　ここでは、美和さんの発言を受け、「美和さんは『工夫』という大事な言葉を使って自分の考えをいい表しましたね」と、まずは美和さんの発言内容を受け入れます。そのあとに「農家の人は、たとえばどのような工夫をしていたのですか」と具体的な工夫例を引き出します。このことによって「工夫している」と発言したことのウラをとることができます。ウラをとるとは真偽や根拠を確めることです。

　美和さんは、野菜の出荷方法に焦点をあてて、「たとえば」といって工夫の具体例を説明しました。和男さんは、野菜を実際に育てるときの工夫例を「たとえば」として話しました。それらを聞いたほかの子どもたちは自分の「たとえば」を確認しようとします。美和さんや和男さんとは違った、自分の「たとえば」を考える子どももでてきます。「私の『たとえば』はみんなと違います」などと、発言の機会を求めてくる子どももいます。

　これによって、授業者はそれぞれの子どもがどのような事実をもとに、工夫という概念を導き出したのかがわかります。また、美和さんは、周囲の子どもたちの工夫の具体例を確認することができ、自分の考えと比べることもできます。

　こうした意見のやり取りをとおして、子どもたちは「工夫」という言葉に対して、一旦は「いいデース」「同じデース」と同調したものの、実は同じではなかったことに気づきます。

（11）信号機がタテになっている

> 雪国の交通や道路について調べていたときです。子どもたちから、「道路に融雪
> パイプがある」「信号機がタテになっている」「除雪車が用意されている」「雪を
> 集める広場がある」などさまざまな発言が出されました。このあと、教師はどう
> リアクションしたらよいのでしょうか。

　ここで注目するキーワードは特に定まっていません。それはここに示された発言の
質にあるからです。これらの発言には、いずれにもある共通性があります。それはな
んでしょうか。

　資料を活用する場面では、資料からどのようなことがわかるか。事実を読み取る活
動が行われます。上記のような発言がそれにあたります。こうした場面で、授業者は
「資料からいろんなことがわかりましたね」といって、ほかの話題に移ってしまうこ
とがあります。これでよいのでしょうか。

　ここでは「資料から、いま４つの事実を読み取りましたね。これらに共通している
ことはなんでしょうか」「つまり、これらのことからどのようなことがいえますか」
と問いかけます。これは「事実をもとに考える」ことです。これによって事象や事実
の意味がわかるようになります。

　４つの事実はいずれも雪国に見られることですから、「どれも雪国のことです」と
いった意見が出されることがありますが、これでは答えになりません。事実を総合し
たり共通点を見いだしたりすることが困難な場合には、一つ一つの事実に対して「こ
れはなんのために行っていることですか」と問いかけます。つなぎの発問を発して目
的を考えさせると、「つまり」に近づけることができます。このあと、「つまりなにが
いえますか」「まとめるとどういうことですか」「いずれにも共通していえることはな
んですか」などとリアクションします。

　先に示されている事実はいずれも「大雪に備えていること」ですから、「備え（予
防）」という概念を導き出せるようにします。

　「見えること（事実）から見えないこと（意味や働きなど）を考える」ことは、事
象の本質を捉えさせるために重要な操作です。事実から見えないことを考えさせるこ
とは、帰納的な見方や考え方をすることであり、複数の事実をもとに一般化、概念化
することでもあります。

49

(12) 10円玉で見たよ

平安時代の文化についての勉強でのことです。宇治の平等院鳳凰堂の写真を見ていた俊介さんが突然、「この写真の建物、ぼく見たことがあるよ」とつぶやきました。それを聞いた先生は「どこで見たのですか」とたずねました。すると、俊介さんは「10円玉にありました」と答えました。先生は「そうですか」といっただけでした。さらになんといえばよかったのでしょうか。

歴史の勉強は過去の出来事を学ぶことです。子どもたちにとって遠い昔のことですから、時間的な距離感があります。そのため、歴史上の人物や建物、出来事を身近に感じたり捉えたりすることは少ないようです。

俊介さんが平等院鳳凰堂を見たことがあるとつぶやいたことを見逃さず、「どこで見たのですか」と突っ込みを入れたことは素晴らしい対応です。授業者は、テレビか絵はがきなどで見たり、実際に見学したりしたのではないかと思ったのかもしれません。反応は意外にも「10円玉」でした。

ここで重要なポイントは、俊介さんが平等院鳳凰堂と「10円玉」を結びつけて発言したことをどう評価するかです。歴史の学習において、過去のことといまのことを結びつけて見たり考えたりすることはとても重要なことです。歴史を身近に感じるきっかけにもなります。

まずは、歴史上の建物と、10円玉という身近なものと結びつけたことに、「俊介さんはよいところに目をつけましたね」と、称賛の言葉をかけてやります。俊介さんの得意そうな嬉しい顔が目に浮かびます。

さらに、俊介さんの発言を生かして、次のようなリアクションをするとよいでしょう。「ここに10円玉があります。俊介さん、10円玉を使って先ほど発言したことを詳しく説明してください」と、説明の機会を与えます。俊介さんは教科書の写真にある平等院鳳凰堂が10円玉に描かれていることを得意になって説明するでしょう。

このあと、ほかの子どもたちにも10円玉を見せて確認させます。10円玉にデザインされていることから、平等院鳳凰堂の歴史的な価値を再認識するかもしれません。子どもたちはこれまで気づかなかった身近なところに、わが国の歴史が刻まれていることに気づき、歴史に対する関心を高めます。

（13） ドジョウはグルメだね

> ドジョウの養殖場を見学したときのことです。おじさんが、餌をみせながら「これらはみんなドジョウの餌なんだよ。米と麦と野菜と魚の骨と栄養剤をよく混ぜ合わせてあるんだ」と説明しました。それを聞いた桜田さんは「ドジョウはグルメだね」とつぶやいたのです。これに対して、教師はどのようにリアクションしたらよいでしょうか。

　ここで注目したい言葉は、桜田さんの発した「グルメだね」です。グルメには食通とか美食家という意味がありますから、うまい物や贅沢な物を食べる人のことです。グルメというカタカナ言葉にはどこか現代的な響きがあります。桜田さんはこの場でどうして「ドジョウはグルメだね」と発言したのでしょうか。グルメという言葉をどういう意味で表現したのでしょうか。また、グルメの意味をほかの子どもたちはどう受けとめたのでしょうか。授業者としては、その真意を確かめ、ほかの子どもたちにも確認させる必要があります。

　この場で教師は、「桜田さんがつぶやいた『ドジョウはグルメだ』とは面白い表現ですね。桜田さんが思いついた言葉です。桜田さんはどうして『グルメ』といったのですか。ドジョウは美味しいという意味ですか。それともほかに意味があるのですか」と、リアクションしました。

　桜田さんは「はじめは餌のなかになにが含まれているか知りませんでした。餌のなかに、米と麦と野菜と魚の骨と、それに栄養剤まで混ぜているというおじさんの話を聞いて、ドジョウが食べているものは、僕たちが食べているものとあまり変わらないと思いました。それで、ドジョウは『ぜいたくな』物を食べているなと思ったんです。だから、「ドジョウはグルメだね」といったんです。」と説明しました。

　それを聞いた周囲の子どもたちから「なるほど」「そうだね」「そういう意味だったのか」などの発言がだされました。子どもたちは桜田さんの表現した「ドジョウはグルメだ」の意味や真意を理解したようです。

　子どもがその子の考えた個性的な言葉を発したとき、授業者はその言葉を聞き逃さないことが大切です。併せて、その言葉の価値をとっさに理解し、評価・判断して、その言葉の真意や本心を聞き出し確認するとともに、その内容を周囲の子どもたちに伝えます。これが評価と一体化した指導の実際です。

(14) ご飯が炊けないよ

林間学校でのことです。啓子さんたちは飯盒でご飯を炊く準備をしていました。ところが、火がなかなか大きくなりません。煙だけが立ち込めて、火はすぐに消えてしまいます。薪と小枝と新聞紙の重ね方が違っていたからです。啓子さんは「火がつかないと、ご飯が炊けないよ」と弱音を吐き、「先生、なんとかしてください」と救いを求めてきました。この場面で教師はどのようなアクションを取ったらよいのでしょうか。

林間学校などで、飯盒でご飯を炊いて食べる体験をすることはとても貴重です。うまく火がつかないと、子どもたちが弱音を吐いて、教師に援助を求めてくる気持ちもわかります。教師もなんとかしてやりたいと思います。こうした場面でどのような教師のアクションが考えられるのでしょうか。

まず、教師が代わって火をおこしてやることが考えられます。子どもたちは教師が要領よく火をつけたことにびっくりするでしょう。

次は、教師が手順を細かく指示して、子どもたちの手で火をつけさせることです。あくまでも子ども自身に火をつける体験をさせます。

また、火をつけることができた、ほかのグループを偵察させ、友だちから方法を学ばせることです。グループの人たちは得意になって説明するでしょう。ここでは教えると教わるの関係が展開されます。

さらに、教師はその場にいるだけで、なんの指示もしません。何度も試行錯誤させ、火がつくまで頑張らせます。決められた時刻までにご飯が炊けないことも予想されますから、覚悟のうえです。

いずれの方法を選択するかは、飯盒でご飯を炊いて食べるという体験のねらいをどのように設定しているかによります。子どもたちの発達段階や経験はどの程度なのか。時間の制約はあるのかないのかなど、さまざまな条件を考慮して、その場で判断します。ポイントは、教師がリアクションの手だてを複数用意し、より適切な方法をその場で選択することです。

教師が安易に教えたり、代わってやってしまったりするのではなく、子どもたちなりの方法を考えさせ、失敗を繰り返しながら、やがて成功体験を味わわせるように導くことも大切です。

Ⅲ章 「ペーパーテスト」の新しい考え方とサンプル
ー発想を変え、新テストの開発をー

本章の趣旨

　わが国において伝統的に取り入れられてきた評価方法（手段）に「ペーパーテスト」があります。一般に、単元や題材ごとに作成され、「テスト」「試験」などといわれてきました。ペーパーテストの結果は、通知表を作成したり指導要録に記載したりする際に生かされてきました。

　ペーパーテストは、指導や学習の終末において、多人数の子どもを対象に、短時間に実施することができます。問題が選択式だったり用語を再生したりする場合には、結果を客観的に評価できます。点数化することもできます。

　このようなペーパーテストは、知識や技能の習得を重視した伝統的な学力観に立つ評価には適した方法でした。知識や技能の習得の有無を問う場合には優れた手段として活用されてきたといえます。

　ペーパーテストには多くのメリットがありますが、思考力、判断力、表現力をみる「思考・判断・表現」の観点とされる問題が、覚えていれば解答できる内容になりがちだとの指摘を耳にします。子どもの学習の過程を捉えたり、能力や態度の育成状況（育ちの様子）を把握したりするときには、ペーパーテスト問題の抜本的な改善が必要になると考えます。

　また、学習評価のすべてをペーパーテストに頼らず、ペーパーテストのよさを生かしつつ、ほかの手段と併用する必要があります。ペーパーテストの作成能力と、ペーパーテストを活用した評価力が問われるところです。

　本章では、まずペーパーテストに対する新しい考え方を私案として提案します。次に、観点別に問題を作成し実施することを想定して、評価の観点「知識・技能」と「思考・判断・表現」に焦点をあてた新しい問題例を紹介します。ここでは、社会科を例に問題作成しています。実施の時期は、文部科学省が示した評価の観点の趣旨を踏まえて、単元末、学期末、学年末を想定しています。

1　ペーパーテストの新しい考え方 　－8つの提案－

（1）評価の観点の趣旨を生かす

　現在実施されているペーパーテストは、教科によっては一部小単元ごとや複数の単元の場合もありますが、基本的には「単元テスト」といわれるように、単元や題材ごとに作成されています。中学校では、中間考査や定期考査として複数の単元で問題を作成し実施されています。

　そこでは、特に小学校において、1枚のペーパーテストが「知識・技能」をみる問題（50点）、「思考・判断・表現」をみる問題（50点）のように、複数の観点から問題が構成されています。単元テストを複数の評価の観点から構成されたペーパーテストは、昭和50年（1975年）ごろからすでにみられました。現在、「主体的に学習に取り組む態度」をみる問題も一部作成されていますが、これについては観点の趣旨を生かして点数化することは少ないようです。

　1枚のペーパーテストのなかで、「知識・技能」と「思考・判断・表現」の2つの観点から問題を構成することに無理はないのか。単元という限られた学習内容を対象に、思考力、判断力、表現力などの能力の育成状況を評価する「思考・判断・表現」の観点の問題を作成することができるのかなど、ペーパーテストのあり方や問題そのもののあり方を問題視する指摘があります。

　中央教育審議会の「児童生徒の学習評価の在り方について」（平成31年1月21日）には、「思考・判断・表現」の観点の趣旨について、「思考力、判断力、表現力等を身に付けているかどうかを評価するもの」としています。

　年間の授業時数は、たとえば6年の社会科は105時間です。これを機械的に割り振ると、1学期間の授業時数は35時間になります。仮に6枚のペーパーテストを作成する場合、わずか5～6時間分の指導内容を対象に問題を作成することになります。思考力、判断力、表現力などの能力の育ち具合を短期間に評価することはそもそも可能なのかという指摘があります。こうした意味から、単元の終末に実施するペーパーテスト（単元テスト）は、「知識・技能」の問題に特化して作成することが考えられます。「思考・判断・表現」の問題を無理に作成しようとすると、観点の趣旨に合致しなかったり、知識や技能の習得を問う問題になってしまったりするからです。

（2）「知識・技能」の趣旨を踏まえて作成する

　ペーパーテストは、知識や技能の習得の有無や再生を問うことに優れています。これまでも、単純再生法、選択完成法、多肢選択法、完成法、組み合わせ法などさまざまな形式の問題が作成されてきました。

　ここで重要なことは問題の形式ではなく、なにを問うのかという、問題の内容（質）です。学習評価に関する「報告」（平成31年1月21日）は「知識・技能」の観点について次のように指摘しています。

　「知識・技能」の評価は、各教科等における学習の過程を通した知識及び技能の習得状況について評価を行うとともに、それらを既有の知識及び技能と関連付けたり活用したりする中で、他の学習や生活の場面でも活用できる程度に概念等を理解したり、技能を習得したりしているかについて評価するものである。（中略）
　具体的な評価方法としては、ペーパーテストにおいて、事実的な知識の習得を問う問題と、知識の概念的な理解を問う問題とのバランスに配慮するなどの工夫改善を図る（後略）
　　　　　　　　　　　　　　　　　　　　　　　　　　　（下線は筆者による）

　知識とひと言でいっても、記号や用語をはじめ、具体的な事実を指す知識、概念や原理、法則などさまざまなレベルの知識があります。一般に内容知といわれます。さらに、学習の方法や手続きに関する知識（方法知）もあります。

　これらの知識を個々ばらばらに問うのでは、単なる記憶の再生の問題になってしまいます。それぞれの知識の関係性を把握しているかどうかを見きわめることで、知識を正しく理解し習得しているかを評価することができます。このことを「報告」では、「事実的な知識の習得を問う問題と、知識の概念的な理解を問う問題」のバランスに配慮すると述べています。かつて、「知識・理解」という表記がありました。ここでは知識と理解が明確に区別されていました。

　このような「知識・技能」の趣旨を考慮すると、単元テストを「知識・技能」の観点から作成するとき、問題として問う知識の内容が問われていることがわかります。問題の内容や構成にも抜本的な工夫・改善が求められます。

　また、習得した知識や技能が他の学習や生活の場面でも活用できるようになっているかどうかが評価できる問題を作成する必要もあります。

55

（3）「思考・判断・表現」は学期末、学年末に実施する

「報告」では、観点「思考・判断・表現」について、その趣旨を次のように簡潔に示しています。

> 「思考・判断・表現」の評価は、各教科等の知識及び技能を活用して課題を解決する等のために必要な思考力、判断力、表現力等を身に付けているかどうかを評価するものである。　　　　　　　　　　　　　　　　（下線は筆者による）

ここに示されている評価とは、主に評定することを指しています。「思考・判断・表現」の観点の趣旨は、思考力、判断力、表現力などの能力が育っているかどうかを評価するものです。思考しているか。判断しているか。表現しているかといった、子どもの学習活動の状況を評価することではありません。これらの能力は短期間にはぐくまれるものではありませんから、短期間で評定することは馴染まず、長期的な視点で能力の育ち具合を見きわめることが求められます。

前述したように、「知識・技能」や「思考・判断・表現」の評価（評定）の記録は原則として単元や題材のまとまりごとに行うとしています。また「報告」は「単元や題材ごとに全ての観点別学習状況の評価（注：いわゆる評定）の場面を設けるのではなく、複数の単元や題材にわたって長期的な視点で評価することも考えられる」としています。

これらの考え方を踏まえると、短時間で指導される単元や題材のまとまりごとに作成される単元テストに「思考・判断・表現」の観点の問題を出題して評価することは、評価の観点の趣旨に合致しているのか、課題が残ります。

学校では通知表を作成する際、学期末に「思考・判断・表現」の観点の評定を行っていますから、「思考・判断・表現」に関するペーパーテストは学期末や学年末に実施するようにしてはどうかと考えます。ここでのペーパーテスト問題は、複数の単元や題材を総合した内容、転移性、応用性のある汎用的な内容、さらには教科横断的な内容になることが考えられます。

学期末等の評定にあたっては、ペーパーテストの結果だけでなく、日ごろのノートの記述や学級全体やグループで表明した意見の内容、作成したレポートや作品などと合わせて総合的に判断することになります。

（4）記述式の問題を開発し盛り込む

　「思考・判断・表現」の観点の趣旨は「思考力、判断力、表現力等の能力を身に付けているかどうかを評価する」と、身についた能力を対象に評価することが示されています。にもかかわらず、これまでの「思考・判断・表現」の観点の問題をみると、必ずしも趣旨にあっているとはいえない状況がみられます。能力の育ち具合というより、知識や技能の習得の有無を評価している問題もみられました。

　また、「思考・判断・表現」の観点とされる問題には、思考力や判断力に関わる問題が多く、表現力を身につけているかどうかをみる問題は少なかったように思われます。その原因のひとつは、採点の難しさにありました。採点に時間がかかったり、点数のつけ方が人によって違ったりするからです。客観性や公平性をどう担保するかという問題がありました。

　ここでいう記述式の問題とは、論文体のテスト問題を独自に作成することではありません。さまざまな小問題のあいだに、たとえば問題の終末に、ある程度ボリュームのある文字量で自分の考えを書かせる記述式の問題を盛り込んではどうでしょうか。こうした問題は「思考・判断・表現」の観点に関連づけることができます。

　問題作成にあたっては、事前に基盤になる知識や技能を習得しているかを確認する問題を提示して解答させたあと、次のことに配慮します。

- 文章で表現する問題を提示します。問題には「どのように考えたのか、筋道を立てて説明しなさい」「どうしてそう考えたのか。あなたの考えを根拠や理由をもとに論述しなさい」など、「どのように」や「どうして」など疑問詞を含めた問いにします。

- 論述にあたって、2〜4つ程度のキーワードを示し、これらの用語を使ってまとめるよう指示すると、記述する際のヒントになります。ただ、キーワードをつなげて短文にすれば解答になる問題では表現力をみることはできません。

- たとえば「400字程度でまとめなさい」「150〜200字で書きなさい」などと、子どもの発達段階を考慮して、ある程度の文字量を示します。

　表現力をみる問題から、理解していることや思考・判断したことなどの内容も合わせて評価することができます。このような問題は、たとえ社会科の問題であっても、国語科で身につけた論文の書き方などの技能を身につけている必要があり、教科横断的な技能や能力をみることができます。

（5）指導と一体化した「ペーパーテスト」の開発

　従来のペーパーテストは、単元や題材の学習後に実施するものという固定観念で作成され使用されてきました。そのため、ペーパーテストを実施することは学習の終了を意味していました。今日「指導と評価の一体化」が重視され、「指導に生きる評価」が求められています。このことを踏まえると、単元末に実施することを意識したペーパーテストについても、そのあり方について抜本的に見なおす必要があるのではないかと考えます。

　評価は教師の指導と子どもの学習の展開に沿って、診断的評価、形成的評価、終末における評価が位置づけられます。診断的評価は子どもの実態を把握して指導計画作成に生かすために、形成的評価は授業中に子どもの学習状況を観察しながら授業改善に生かすために、そして終末の評価は結果をもとに成績を記録するために、それぞれ行われるものです。評価には多様な目的と場面があります。これまで話題にしてきた単元末のペーパーテストは学習の終末場面の評価に位置づけられます。

　診断的評価のためのペーパーテストは、これまでプレテストとかレディネステストなどといわれてきました。これはこれからの学習のベースになる、主として過去の知識や技能などの習得状況を把握するものです。また、これから学ぶ学習内容についてどの程度先行して身につけているかを把握することもできます。テストから明らかになった子どもたちの実態をもとに、指導計画を作成します。

　形成的評価のためのペーパーテストは、学習の過程において、学習内容の定着を見きわめるものです。毎時間短時間で実施したり、時期を特定して実施したりすることもできます。テスト問題の対象が狭く、その時間の学習と密着していることから、結果はその場で、あるいは次の時間に生かすことができます。テストの結果をみてつまずきを早期に発見し、早期に指導に生かすことができます。問題は指導の時間をどう生み出すかです。従来「小テスト」などといわれてきましたが、結果の活用の仕方に課題がありました。

　診断的評価や形成的評価のためのペーパーテストは、いずれもテストといっていますが、100点満点で作成される必要はありません。成績をつけるためではなく、学習の状況を把握することに主眼があるからです。

　ここで課題になることは、多様な目的をもつペーパーテストの内容をいかに系統的に関連づけ、いかに指導と結びつけてシステム化するかということです。

（6）「ペーパーテスト」の新しい活用方法

　一般的なペーパーテストは、子どもたちが学習した結果や成果を見きわめるものですから、実施する場面は当然単元や題材の学習の終末になります。これは主として記録に残すために評価教材として活用することです。このほかに、ペーパーテストの活用方法はないのでしょうか。

　ここでは、筆者がかつて実施したペーパーテストの活用について、2つの方法を参考として報告します。

　まずひとつは、単元テストをその単元の学習に入るまえに、子どもたちに配布して取り組ませたことです。算数科のテストでした。子どもたちからは「まだ習っていない問題が出ています」などと、不安感をいだく質問が出されることを見越して、事前に次のように話しました。

　「いま配ったテストは、これから勉強する内容が問題になっています。できない問題があっても大丈夫です。できるところだけに答えてください。成績にはまったく関係ありませんから、安心してください」

　結果は予想していたよりできていました。学習塾に通っている子どもはすでに理解していたからです。しかし、できない問題もありました。多くの子どもたちにとって、ほとんどの問題ができなかったことはいうまでもありません。

　子どもの事前の状況を把握することができたことで、実際の指導にあたって、配慮すべきことが明確になりました。また、以前と比べて、一人一人に目を向けた指導ができたようでした。単元の学習が終わったあとに、同じペーパーテストを再び実施して、事前の結果と比べさせました。

　いまひとつの活用方法は、単元テストの問題と各時間の指導内容との関連を図り、各時間の終了時に関連する問題にだけ答えさせたことです。内容教科といわれる社会科の授業でした。テストの問題はその時間の学習内容と直結していましたから、子どもたちへの定着の度合いを早期に把握することができました。その場で答え合わせを行い、その時間につまずきを解決したこともありました。このとき、ペーパーテストの問題を問題解決的に構成するなど、問題の構成が授業の展開と合致しているとよいのではないかと感じました。

　ペーパーテストの活用について、従来の固定観念にとらわれず、新しい方法を工夫したいものです。これはペーパーテストの開発にもつながります。

（7）子どもが「ペーパーテスト」を作成する

　これまでのペーパーテストは教師から一方的に提示されるものでした。そこでは、教師による自作テストや市販のテストが使用されています。いずれも、子どもたちにとっては他者が作成したものです。従来、学習の課題や問題は教師が提示するものという考えが定説でした。それが近年、社会科では「子どもが自ら課題をもつ」とか、算数科では「子どもが問題文をつくる」などといわれています。課題や問題を意識させることは、子どもたちの主体的、能動的な学びを促すうえで重要な手だてであると考えます。

　社会科の学習では、単元の終末場面で、調べたことやわかったことなどを新聞にまとめたり、パンフレットなどの作品を作成させたりする活動が行われています。筆者はこうした場面で、6年の子どもたちに「単元テスト」をグループごとに作成させたことがあります。ここには、テスト問題を子ども自身に作成させるという発想の転換がありました。

　子どもたちがグループで「単元テスト」を作成し完成させるためには、次のような作業が必要でした。

・何を問題にするかを洗い出す。そのためには、これまでの学習を振り返り、重要な学習内容を確認する必要があること。

・問題をどのように構成するかを構想する。問題（問い）と問題（問い）の関係など問題の順序を工夫させ、問題にどのような資料を添付するかを考えさせること。

・問題の形態を工夫する。選択式、完成法、記述式など、これまでのテストの形式を思い起こさせ、答えも想定させておくこと。

・テストですから、全体で100点になるように問題の数や配点の仕方を考える。難しい問題には加点するなどの工夫をする。B4の用紙1枚に収めることを基本にする。

　子どもたちの作成したペーパーテストは知識を問う問題が中心でした。子どもたちは「単元テスト」を作成するという評価に関わる作業をとおして、これまでの学習内容を改めて確認することができました。グループごとの作業でしたから、子どもたちには協働意識が育ちました。

　出来上がったテストは子どもの人数分を印刷して、ほかのグループの子どもに解答させ、問題の出来ばえを相互に評価し合いました。

（8）かつて提案したペーパーテストの改革案

　筆者はこれまでにもペーパーテスト問題のあり方について提案してきました。それにはたとえば次のような図書があります。

　そのひとつは、『社会科の思考を鍛える新テスト―自作のヒント―』（明治図書、2004年）です。本書をとりまとめたのは、20年以上もまえのことです。ここでは、発行当時の教育環境や学習評価の考え方を踏まえて、思考力と知識を評価する33のテスト問題を提案し、それぞれに解説を加えています。

　また本書では、テスト問題の改革のためには発想の転換が必要だとして、12のポイントを提言しています。いまにしてみると、大胆な提言もありました。
・テストは100点満点でなくてもよい
・問題の答えは一つでなくてもよい
・観点別の問題構成にこだわらない
・選択して解く問題を構成する
・学び方や考え方のスキルを問題にする
・授業で取り上げていない事例で問題を構成する
・教科書などを使って解く問題を出題する
・テストの結果を次の指導にフィードバックさせる
・子どもによる自己採点の機能をもたせる
・テストを日常的に実施する
・子どもがテストを作成する
・印刷物以外のテスト形態を工夫する
　これらのなかのいくつかは、本書のなかでも触れています。

　いまひとつは、『「思考力・判断力・表現力」を鍛える新社会科の指導と評価』（明治図書、2017年）です。ここでは、「新発想によるペーパーテストの開発」と題して、19の「思考力・判断力・表現力」をみる評価問題を紹介しました。

　ここに示した2冊の図書は、これからのペーパーテスト問題を考えるうえでヒントになるものと考えます。本書と併せて参考にしていただければ幸いです。

2 / 新しい「ペーパーテスト」のサンプル

（1） 3年「知識・技能」の問題例

【問題1】
○ 関連単元
　「スーパーマーケットではたらく人の仕事」
○ 問題のねらい
　店で働く人は売り上げを高めるためにさまざまな工夫をしていることを理解しているか。
○ 問題の特色
　スーパーマーケットでは多くのお客さんに来てもらうためにさまざまな工夫をしているが、そのうち、売り上げを高めることに直接結びついている工夫を選択する問題になっている。また、生鮮食料品を売り尽くすための工夫を理解しているかを問う問題になっている。
○ 解答
　（1）　①、④
　（2）　（例）少しでも売り上げをふやすため。魚が売れ残らないようにするため。食品ロスをなくすためなど、いずれかが書かれていればよい。

【問題2】
○ 関連単元
　「市のうつりかわり」
○ 問題のねらい
　市の様子を調べたときの学習経験を生かして、市の移り変わりを調べる際の視点を指摘できるか。
○ 問題の特色
　学習指導要領には、「市のうつりかわり」を調べる際に着目させる事項が示されている。それらの多くは1学期に学習した「市のようす」を調べたときの視点でもある。これまでの学習経験をもとに、「市のうつりかわり」を調べる際の視点を選択する問題になっている。
○ 解答
　（1）　（例）③、④、⑤　＊指導の実際に合わせて判断する。
　（2）　②、④

1　スーパーマーケットでは、たくさんのお客さんに来てもらうためにいろいろな工夫をしています。

(1)　つぎのうち、お店の売り上げを高めることに直接結びついている工夫はどれですか。2つえらびなさい。

①（　）「98円」や「198円」などねだんの付け方
②（　）車で来る人のためのちゅう車場
③（　）お店の入り口にあるリサイクルのボックス
④（　）魚のちょうり方法を説明したチラシ
⑤（　）「店長さんへのお願い」を掲示するコーナー

(2)　魚の売り場では、夕方になるとねだんを安くすることがあります。なぜですか。

| |
| |

2　「市のうつりかわり」の学習について、つぎの問題にこたえなさい。

(1)　「市のうつりかわり」の学習で調べたことのうち、「市のようす」の学習でも調べたことはどんなことですか。3つえらびなさい。

①（　）市の広がり　　　　　④（　）交通の広がり
②（　）住民のふえ方　　　　⑤（　）公共しせつの場所
③（　）土地の使われ方　　　⑥（　）古くからのたてもの

(2)　「市のうつりかわり」の学習で、調べたことはどんなことですか。2つえらびなさい。

①（　）お店の人の仕事のくふう
②（　）市の人口のうつりかわり
③（　）消防しょのはたらき
④（　）くらしの古い道具
⑤（　）けいさつかんの仕事

（2）3年「思考・判断・表現」の問題例

【問題1】
○　関連単元
　　「学校のまわりのようす」（実施時期は1学期末）
○　問題のねらい
　　田中さんの学校の周りの様子を例に、調べてわかったこと（具体的な知識）をもとに総合していえることを選択肢から判断することができるか。
○　問題の特色
　　具体的な知識とそれらを総合していえる知識（概念的な知識、中心概念）との関連性を考えることができるかを問うている。単なる具体的な知識の再生や、概念的な知識を直接問う問題ではない。「これらの事実からいえることはどのようなことか」と問い、文章で記述させる問題にすることもできる。
○　解答
　　・②

【問題2】
○　関連単元
　　「地域の安全を守る仕事」（実施時期は「消防しょの仕事」と「けいさつしょの仕事」の学習後）
○　問題のねらい
　　消防署と警察署の仕事について、固有性と共通性（異同）の観点から分類・整理することができるか。
○　問題の特色
　　さまざまな事実や事象を分類・整理することは、新たな見方や考え方を導き出すために必要な手続きである。ここでは、分類する作業を促すとともに、その結果を見える化する表現の手法を考えさせている。
○　解答
（1）・消防しょの仕事　　　　　①　②　③　⑤
　　　・けいさつしょの仕事　　①　③　④　⑥　＊すべて正しく答えたとき
　　　・両方に共通している仕事　①　③　　　　　　「正答」とする。
（2）ベン図で表す。

1　田中さんは学校のまわりのようすを調べ、4つのことをメモしました。これらをまとめると、どんなことがわかりますか。1つえらびなさい。

> ・北の方には、新しい住宅が多い。
> ・西がわに駅があり、商店もある。
> ・南の方には川があり、田が広がっている。
> ・東には、古くからの住宅と工場が多い。

①　（　）学校の西のほうは住宅が多くて、にぎやかだよ。
②　（　）学校のまわりは、方角によってようすがちがうよ。
③　（　）学校のまわりのようすは、どの方角も同じだね。

2　つぎは、消防しょとけいさつしょについての問題です。
(1)　つぎの仕事を消防しょ、けいさつしょ、それに両方に共通するものの3つに仲間わけしなさい。
①　しゅつどうの連絡があると、サイレンをならしてかけつける。
②　日ごろから、火事を早く消すためのくんれんをしている。
③　24時間たいせいで、いつでも出られるようにしている。
④　事故がおきないように、交差点で交通せいりをしている。
⑤　水道局の人たちとも協力して火事を消している。
⑥　交通事故のげんばで、事故の原因などを調べる。
　・消防しょの仕事　　　　（　　　　　　　）
　・けいさつしょの仕事　　（　　　　　　　）
　・両方に共通している仕事（　　　　　　　）

(2)　(1)の結果を図にあらわすとき、つぎのうち、もっともわかりやすい方法はどれですか。

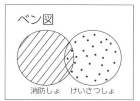

図表	
消防しょ	けいさつしょ
：	：
：	：
：	：

か条書
・消防しょ
　：＿＿＿＿＿＿
　：＿＿＿＿＿＿
・けいさつしょ
　：＿＿＿＿＿＿
　：＿＿＿＿＿＿

（3） ４年「知識・技能」の問題例

【問題１】
○　関連単元
　　「水道の水をとどける」
○　問題のねらい
　　水道水を供給するための具体的な事業について、安全性（安全でおいしい）と安定性（いつでも）の観点から理解しているか。
○　問題の特色
　　家庭などに水道の水を届けるための具体的な仕事や施設について、安全な水道水をつくる工夫と安定的に届ける工夫の観点から理解しているかを問う問題になっている。また、電気をつくる事業と関連づけ、発電所は水道水を供給する際の浄水場にあたることを理解しているかを問うている。
○　解答
　　（１）　・安全でおいしい水をつくるくふう　　（　①　③　⑥　　　）
　　　　　　・いつでも水が飲めるようにするくふう（　②　④　⑤　　　）
　　　　　　　＊すべて正しく答えたとき「正答」とする。⑥はどちらに書かれていてもよい。
　　（２）　浄水場

【問題２】
○　関連単元
　　「県内の特色ある地域」
○　問題のねらい
　　県内の特色ある地域の様子について調べる方法を理解しているか。
○　問題の特色
　　県内の特色ある地域について、これまで調べた経験を生かして、望ましい調べ方を選択する問題になっている。また、実際にたずねることができない地域を調べるときの方法を理解しているかを問うている。
○　解答
　　（１）　①　④
　　（２）　（例）図書やビデオなどで調べる。電話で聞く。
　　　　　　　　　インターネットで調べる。知っている人に聞くなど。

1　次のことがらは、水道の水が家庭にどのようにとどけられているかを調べて、わかったことです。

（1）　①から⑥のことがらを2つに仲間わけしなさい。

①川からの水を<u>浄水場</u>できれいにしている。

②ダムの<u>貯水池</u>に水をたくわえている。

③川の水や<u>堤防</u>をよごさないようにしている。

④<u>給水タンク</u>から各家庭に送りだしている。

⑤<u>水道かん</u>から水がもれていないかを調べる。

⑥山おくにある<u>水源林</u>を大切に育てている。

- 安全でおいしい水をつくるくふう　　（　　　　　　）
- いつでも水が飲めるようにするくふう（　　　　　　）

（2）　くらしに必要な電気は「発電所」でつくられています。これは①から⑥の下線をひいたどの施設にあたりますか。　　〔　　　　　〕

2　源太さんは県内の特色ある地域について調べることになりました。

（1）　地域の調べ方についてどのようにアドバイスしますか。次のなかから2つ選びなさい。

①（　　）その地域が県のどこにあるのか、位置を地図で確認しよう。

②（　　）人にめいわくをかけるので、インタビューはしないほうがいいよ。

③（　　）特色ある地域をグラフに表して比較するとわかりやすいよ。

④（　　）ほかの地域にみられないことをよさとしてみとめることが大切だよ。

⑤（　　）特色ある地域を好きな順にランクをつけると楽しいよ。

（2）　源太さんは、特色ある地域に実際にたずねることができないといっています。どのような調べ方法をアドバイスしますか。2つ書きなさい。

（例）パンフレットを取りよせて調べるといいよ。

〔　　　　　　　　　　　　　　　　　　　　　　　〕
〔　　　　　　　　　　　　　　　　　　　　　　　〕

（4） 4年「思考・判断・表現」の問題例

【問題1】
○　関連単元
　　「自然災害を守る」（実施時期は2学期末）
○　問題のねらい
　　地形図を見て、自然災害の起こりやすい場所と災害を想定することができるか。
○　問題の特色
　　簡単な地形図を見て、まず自然災害の起こりやすい地域と自然災害を指摘し、その理由を説明することができるかを問う問題になっている。
○　解答
　（1）　どこに○印をつけたかを確認する。
　（2）　① （例）海岸部（津波）、河川の沿岸（洪水、氾濫）、山間（土砂くずれ）、
　　　　　　　　住宅地（地震、洪水など）など
　　　　　② （例）津波…地震が起こったときに押し寄せてくることがある。
　　　　　　　　　　洪水…大雨で堤防が壊されると起こる。
　　　　　　　　　　土砂くずれ…大雨が降ると、山のほうから起きる。など
　　　　　　　　　　＊土砂くずれは地震によって発生することもある。

【問題2】
○　関連単元
　　「自然災害を守る」（実施時期は2学期末）
○　問題のねらい
　　地震は家屋の倒壊のほかにも災害を発生させることを知っているか。また地震の発生を自分にもふりかかる災害として受けとめ、自分にできることを考えているか。
○　問題の特色
　　社会科学習の発展的な意味合いをもち、防災教育の観点から、「ものと心と人」の備えについて考えさせる問題になっている。
○　解答
　（1）　土砂崩れ、津波、地割れなど。（火災は家の被害に含める）
　（2）　・備えるもの　　〔ラジオ、懐中電灯、水などの非常食、薬など〕
　　　　　・心がまえ　　　〔いつでも起こりうるという気持ちでいる。　　〕
　　　　　・人の結びつき　〔日ごろから、住民が助け合い仲良くする。　　〕

1 次の地図は、早苗さんのまちのようすです。

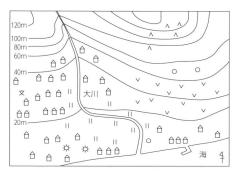

(1) 早苗さんのまちではどのような自然災害が起こりますか。起こりうる場所に、1か所〇印をつけなさい。
(2) 〇印をつけた場所で起こりうる自然災害の名前を（　）に書きなさい。また、その理由を〔　〕に書きなさい。ただし、地震はのぞきます。
　①自然災害　（　　　　　　　　　　　　　　　　　　）
　②起こりうる理由
　　〔　　　　　　　　　　　　　　　　　　　　　　〕

2 大きな地震が起きると、家が倒れたりこわれたりします。
(1) 家のひがいのほかに、起こりうる自然災害を2つ書きなさい。

(2) 地震に対して、次のことにどのような備えをしたらよいですか。
　・備えるもの　　〔　　　　　　　　　　　　　　〕
　・心がまえ　　　〔　　　　　　　　　　　　　　〕
　・人の結びつき　〔　　　　　　　　　　　　　　〕

（5）　5年「知識・技能」の問題例

【問題1】

○　関連単元

　　「森林資源の働き」「自然災害を防ぐ」

○　問題のねらい

　　森林資源には多様な働き（機能）があることや森林資源の保水力には限界がある
ことを理解しているか。

○　問題の特色

　　問題では、森林資源の働きを学習したあと、子どもたちが話し合った内容を示し
ている。この内容をもとに、問題に解答する形式をとっている。ここでは、「自然
災害を防ぐ」の学習内容とも関連づけ、森林資源のもつ多様な働きと限界性につい
て正しく理解しているかを問う問題になっている。

○　解答

　（1）　②

　（2）　林業

　（3）　（例）　森林には土砂くずれを防ぐ役割がありますが、限度をこえた大雨が降
　　　　　　　　ると、土砂がくずれることがあります。だから、「安心です」とはいえ
　　　　　　　　ないと思う。

　（4）　（例）　森の植物には、空気中の二酸化炭素（炭酸ガス）を取り入れて酸素を
　　　　　　　　出す働きがあります。だから、空気をおいしく感じたのだと思います。

　　　　（例）　森林からフィトンチッドという物質が出されているので、それが陽一
　　　　　　　　さんの気分をよくしたのだと思います。

1　和美さんたちは森林資源の働きについて学習したあと、次のように話し合いました。

> 希子　森林にはいろいろな働きがあることがわかりました。森林はこれからも大切にしなければならないと思いました。
> 大介　森林はとても大切なので、木を切ることはよくないです。
> 幸枝　森林には、土砂くずれを防ぐ働きがあるので安心です。
> 陽一　森の中では、空気がおいしく、気分がよかったです。

（1）　大介さんの意見に対して、正しい意見を述べているのは次のうちどれですか。1つ選びなさい。

①　（　　　）木を切ってしまうと、生き物のすみかがなくなるので、大介さんの意見に賛成です。

②　（　　　）木を切って生活している人がいます。木を切ることはよくないというのは、いい過ぎだと思います。

③　（　　　）山奥には人があまり住んでいないので、木を切ってもあまり影響はないのではないかと思います。

（2）　木を育て、材木にして売る産業を何といいますか。　〔　　　　　　　　　〕

（3）　幸枝さんの意見に対して、あなたはどう考えますか。あなたの意見を書きなさい。

（4）　陽一さんが森の中で「気分がよかった」と感じたのはどうしてだと思いますか。

（6）5年「思考・判断・表現」の問題例

【問題1】
○ 関連単元
　「わが国の食料生産」（実施時期は1学期末）
○ 問題のねらい
　わが国の畜産業がかかえている問題に関心をもち、自分なりの考え（解決策）をもっているか。
○ 問題の特色
　消費者と畜産農家のそれぞれの違った願いをもとに、両者に配慮したよりよい解決策を考えることができるかどうかを問う問題になっている。
○ 解答
（1）（例）・消費者〔安い牛肉が買えるのでうれしい。〕
　　　　　・畜産農家〔日本の牛肉が売れなくなるので困る。〕など
（2）（例）・日本の牛肉をもっとうまくして、高くても買うようにする。
　　　　　・政府が畜産農家に資金を援助して、安心して仕事ができるようにする。

【問題2】
○ 関連単元
　「水産業のさかんな地域」（実施時期は1学期又は2学期の末）
○ 問題のねらい
　わが国の水産業がかかえている課題に関心をもち、その解決策を考え、それを文章で表現することができるか。
○ 問題の特色
　水産業がかかえている問題点を文書資料をもとに捉えるとともに、これからの水産業について自分の考えを文章で表現する問題になっている。
○ 解答
（1）③（海の資源管理のためマグロの漁獲量や漁獲時期が定められている。）
（2）①（例）・養殖業や栽培漁業をさらに盛んにする。
　　　　　　・取る時期、量、大きさ、場所などを制限する。など
　　　②（例）・機械化をさらに進め、つらい仕事でないようにする。
　　　　　　・漁師さんの収入を上げて、魅力のある仕事にする。など

1 日本には、外国から安い牛肉がたくさん輸入されています。
（1） 次の立場の人は、このことをどのように受けとめていますか。
 ・消費者 〔　　　　　　　　　　　　　　　　　　〕
 ・畜産農家〔　　　　　　　　　　　　　　　　　　〕
（2） 消費者と畜産農家の両方が喜ぶようにするには、どのような方法が考えられますか。あなたの考えを書きなさい。
 〔　　　　　　　　　　　　　　　　　　　　　　　〕

2 次の文章を読んで、問題に答えなさい。

漁師の山本さんは、定置網漁を行っています。網には、いろんな魚が入ってきます。あるとき、大きなクロマグロが入りました。マグロは日本人の好きな魚のひとつです。ところが、山本さんはそのマグロを海にもどしています。日本の水産業には解決すべき問題がたくさんあります。みんなで知恵をだすことが求められています。

（1） 山本さんはせっかく網に入ったマグロを海にすててしまったのはどうしてだと思いますか。1つ選びなさい。
 ① （　） 定置網に入ったマグロはおいしくないから。
 ② （　） マグロをとっても、市場で高く売れないから。
 ③ （　） マグロをとる時期ではなかったから。
 ④ （　） 最近、マグロを食べる人が少なくなってきたから。
（2） 次の問題に、どのような解決策が考えられますか。あなたの考えを書きなさい。
 ① 海の水産資源が減っていること
  〔　　　　　　　　　　　　　　　　　　　　　〕
 ② 漁師になる若い人が少ないこと
  〔　　　　　　　　　　　　　　　　　　　　　〕

（7） 6年「知識・技能」の問題例

○　関連単元

　　「わが国の歴史」

○　問題のねらい

　　わが国の歴史について、時代の名称や順序、各時代の代表的な人物の名前など基礎的な知識を理解しているか。

○　問題の特色

　　中学校での歴史学習との関連を考えたとき、小学校においては、時代の大まかな流れを捉え、各時代の特色を理解することが大切である。ここでは、特定の時代のできごとなど具体的な知識を問う問題ではなく、各時代の特色や名称、順序（時代順）、代表的な歴史人物が活躍した時代の名前を問うなど、時代を縦断した基礎的な知識を問う問題になっている。実施の時期は「わが国の歴史」の学習の終了後である。

○　解答

　（1）　②（安土桃山時代）　③（　明治時代　）　④（　江戸時代　）

　　　　⑤（　鎌倉時代　）　⑥（　明治時代　）　⑧（　平安時代　）

　　　　⑨（　江戸時代　）　⑩（　奈良時代　）　⑫（　昭和時代　）

　（2）　①→（　⑪　）→（　⑦　）→（　⑩　）→（　⑧　）→（　⑤　）

　　　　→（　②　）→（　④　）→⑨→（　⑥　）→（　③　）→⑫

　（3）　平安時代

　（4）　（例）・都や幕府のあった場所

　　　　　　　・政治の中心地　　　　　　など

　（5）　①聖武天皇（奈良時代）　②福沢諭吉（明治時代）

　　　　③源　頼朝（鎌倉時代）　④聖徳太子（飛鳥時代）

　　　　⑤紫　式部（平安時代）　⑥足利義満（室町時代）

1　わが国の歴史を学んで、各時代の特色をカードにまとめました。

①狩りや漁の生活	②戦国の世の統一	③国際的地位が向上	④武士による政治の安定
⑤武士による政治の始まり	⑥日本が近代化を進めた	⑦むらからくにへ変化	⑧日本風の文化が栄える
⑨町人の文化と新しい学問	⑩天皇中心の政治の確立	⑪農耕の生活	⑫民主的国家の出発

（1）　それぞれのカードは何時代ですか。（　　）に名前を書きなさい。

②（　　　　　　　時代）　③（　　　　　　　時代）　④（　　　　　　　時代）

⑤（　　　　　　　時代）　⑥（　　　　　　　時代）　⑧（　　　　　　　時代）

⑨（　　　　　　　時代）　⑩（　　　　　　　時代）　⑫（　　　　　　　時代）

（2）　カードを時代の順に並べかえなさい。

①→（　　　　）→（　　　　　）→（　　　　　）→（　　　　）→（　　　　　）

　→（　　　　）→（　　　　）→⑨→（　　　　）→（　　　　）→⑫

（3）　「奈良時代」以降、もっとも長い時代は何ですか。（　　　　　　　時代）

（4）　「奈良時代」から「江戸時代」までの各時代の名称は、何にもとづいて名づけられているといえますか。

〔　　　　　　　　　　　　　　　　　　　　　　　　　　　　　　　　　　〕

（5）　次の歴史上の人物がかつやくした時代名を書きなさい。

①聖武天皇（　　　　　　　時代）　　②福沢諭吉（　　　　　　　時代）

③源　頼朝（　　　　　　　時代）　　④聖徳太子（　　　　　　　時代）

⑤紫　式部（　　　　　　　時代）　　⑥足利義満（　　　　　　　時代）

（8）６年「思考・判断・表現」の問題例

○　関連単元

　　「願いを実現する政治の働き」（実施時期は政治単元の学習終了後）

○　問題のねらい

　　国民の願いを実現する政治の具体的な事例を調べたことをもとに、政治の働きについて自分の言葉で表現することができるか。

○　問題の特色

　　政治に関する問題は知識の習得の有無を問う問題が多いが、ここでは、これまで調べたことをもとに、国民の願いが実現するまでを論理的に筋道を立てて文章で説明することができるかどうか、主として具体的な知識をもとにした表現力を問う問題になっている。

○　解答

（１）　（例）駅前には駐輪場がありませんでした。そのため、住民の多くは、自転車を路上にとめていました。そこで、住民は「駐輪場をつくってほしい」と願い市役所にとどけました。市役所では市長と相談してつくる場所などを検討し、計画書（案）を作成しました。計画書（案）は市議会に提案されました。住民の選挙で選ばれた議員によって話し合われ、つくることが決まりました。市役所では駐輪場づくりを始めました。こうして駐輪場は完成し、住民の願いが実現しました。

（２）　③

　　　　（ここでは「駐輪場をつくるためのお金」としており、完成後の利用代金の利用は想定してはいない。）

1　次は、住民の願いが実現するまでをメモしたものです。これを参考に、あとの問題に答えなさい。

【メモの内容】
・住民の願い
・願いを市役所に届ける
・計画書（案）を作成する
・市長が市議会に提案する
・市議会で話し合う
・住民の願いが実現する

完成した駐輪場

(1)　メモの下線の言葉を使って、住民の願いが実現するまでの政治の働きを「駐輪場の建設」を例に200字程度の文章にまとめなさい。

駅前には駐輪場がありませんでした。そのため、住民の多くは、

こうして駐輪場は完成し、住民の願いが実現しました。

(2)　市役所は駐輪場をつくるためのお金はどうしましたか。1つ選びなさい。
①（　）利用予定者からお金を集めた。
②（　）住民から寄付をつのった。
③（　）住民が納めた税金を使った。
④（　）銀行からお金を借りた。

77

＼コラム／　資格試験と選抜試験

　社会ではさまざまな場面で試験が実施されています。これには資格を取得するための試験と選抜のための試験があります。

　資格試験は、ある職業や地位、参加するために必要な条件を得るための試験です。たとえば、調理師や医師、税理士などの職業に就くための資格や自動車やボイラーを操作するための資格を取得するためです。

　これらは資格試験を受験して、ある一定の基準に達すれば人数に関係なく資格が与えられます。合格者以外は不合格者になります。ここでは絶対評価が実施されます。試験を受けたすべての人が合格したり不合格になったりすることは、理論のうえではあり得ることです。

　一方、選抜とは多くのなかから優れたものを選び抜くことです。そのための手段のひとつが選抜試験です。たとえば、高等学校の入学試験や企業の入社試験、教員の採用試験などがあります。芸能界などで行われるオーディションもこれにあたります。試験の実施にあたっては人数や定員が予め決められます。応募や選抜のための最低要件が定められることもあります。試験の成績の上位から順に予定人数に達するまでの人が合格者になります。そのあとは、補欠あるいは不合格になります。合格者が予定した人数に満たないこともあります。この場合には、再度募集して選抜試験が行われることがあります。これらの場では、相対評価が実施されます。

　教員を希望する人は大学など教員の養成機関で必要な科目を学び、単位を取得します。それを大学が設置されている都道府県の教育委員会が認定します。これが資格試験にあたります。認定されると、教員免許状が取得でき、教員になるための資格がとれます。教員の資格は大学等で単位を取得すれば、ほぼ自動的に資格がとれますから、資格試験は存在していないことになります。そのため、国のレベルで資格を認定する国家試験を導入してはどうかという意見もあります。

　実際に教員になるためには、都道府県などが実施する教員採用試験を受検します。これは選抜試験です。これに合格しなければ教員にはなれません。教員の資格をもち、教員になっていない人を「ペーパーティーチャー」ということがあります。

IV章 知っておきたい学習評価の基礎用語
―議論を深め、確かな実践のために―

本章の趣旨

　学習評価についての議論を聞いていると、評価に関する独特の用語がたびたび登場します。ややもすると、用語だけがひとり歩きし、用語について共通した理解や認識がないままに、実態や実践の伴わない議論が展開されることもあります。最も典型的な用語に、「評価」と「評定」があります。両者を明確に区別している方もいれば、評定を評価だと捉えるなど、両者を同じ意味で使用している方もいます。

　評価についての専門的な用語が、その意味を共有することなく使用されると、議論がかみ合わなかったり、互いに理解しているようで、理解の内容がちぐはぐだったりします。

　問題になることは、議論や理解のレベルにとどまらず、用語に対するそれぞれの解釈をもとに実践された内容です。用語の理解が実践のあり方にも影響を及ぼします。

　学習評価の基礎用語を理解することによって、学習評価の議論が深まるだけでなく、評価の実践がより確かなものになると考えました。併せて、「指導に生きる評価」や「指導と評価の一体化」といった授業づくりの課題に応える実践が一層充実し、よりよい授業展開に資することができるようになると考えました。

　本章では、こうした学習評価についての議論や用語の使用の実態などを踏まえて、学習評価に直接関わる基礎的な用語を21個抽出し、それぞれについて、このことだけは知っておいてほしい基礎的なことをできるだけ簡潔に、分かりやすく解説しました。

　21の用語は、およそカテゴリーごとに並べてあります。関心のある用語、意味を確認したい用語、いまだ未知な用語から読み進めてはどうでしょうか。

（1） 目標準拠評価

　教師は予め設定した指導の目標を実現させるためにあらゆる指導の手だてをとります。そして、指導の過程や結果において、目標が子どもたちにどのように、あるいはどの程度実現しているかを評価し、その結果にもとづいて次の指導を考えます。

　このことから、確かな評価にあたっては、確かな目標の設定が前提条件になります。この目標に照らして、子どもたちの学習状況を一人一人に即して評価することを目標準拠評価といいます。

　授業において子どもたちの学習状況を評価するとき、目標がどのように実現しているかという視点で観察・判断することが基本です。目標に、主体的に学習に取り組む態度を育てることが示されていないにもかかわらず、「子どもたちは生き生きと学習に取り組んでいた」と評価することは、授業の単なる印象的な批評にすぎず、目標に準拠した評価にはなりません。

　「指導と評価の一体化」といわれますが、それと同時に、評価が目標と一体に行われることが重要です。「目標と指導と評価の一体化」が基本です。

（2） 絶対評価

　設定した目標を達成・実現したかどうか、どの程度達成・実現したかどうかを一人一人の子どもに即して観察し見きわめることが絶対評価です。その意味で、目標準拠評価と類似しているといえます。その際、目標を「実現している」か、「実現していない」かといった基準（スタンダード）を設定して、○か×かの基準で、子ども一人一人の実現状況を捉え、判断します。これが絶対評価の基本です。

　なお、単元末や学期末などには「十分実現している」「おむね実現している」「努力を要する」といった3段階の基準で評定することもあります。

　すべての子どもが目標を実現していると判断されることは、理論的にあり得ることです。絶対評価は、一人一人の努力によって、評価の結果を向上させることができます。努力の成果が評価の結果に表れやすいですから、子どもたちの励みになる評価方法です。

　ただ、基準が甘すぎたり、逆に厳しすぎたりすると、評価結果に対する信頼性をなくすことがあります。また、教師の主観的な判断になりがちですから、事前に絶対評価の基準（規準）をできるだけ明確にしておく必要があります。

　絶対評価に対比する評価方法として、相対評価があります。

（3）相対評価

　学級など集団内における相対的な位置を示す評価を相対評価といいます。これは絶対評価に対比するものです。

　たとえば、子どもたちを5・4・3・2・1の5段階で評価（評定）するとき、5と1をそれぞれ全体の10％、4と2をそれぞれ全体の20％、残りの40％を3とする基準を設けます。子どもたちを成績の順に並べ、成績のよい子どもから示された割合（人数）で順に成績をつけていきます。

　5・4・3・2・1の人数を折れ線グラフに表すと、富士山型（正規分布曲線といいます）になります。

　評価の客観性はありますが、各段階の子どもの割合（人数）が決められていますので、努力しても「3」のレベルでとどまっているなど、努力の成果が必ずしも目に見えないことがあります。また、集団が10人に満たないなど少人数の場合には、成績に見合った評価にならないこともあります。

　かつてわが国の学校では、相対評価が主流でしたから、保護者のなかには相対評価に馴染んでいる人もいます。

（4）他者評価

　子どもたちは、基本的に他者から評価されています。学校教育において、子どもにとっての他者とは主として教師です。ここでいう教師とは、小学校においては学級担任や音楽など専科の教員です。通知表（通信簿）は、学級担任が評価した結果を文書に表したものです。ここには「教師が子どもを評価する」「子どもは教師に評価される」という関係にあります。

　子どもたちは、教師のほかに、友だちや地域の人、保護者などからも評価されています。これらのさまざまな人たちが評価することも他者評価といいます。

　他者から評価されるとき、子どもたちは教師など他者の意図に向かって努力しようとします。他者の思いや願いに影響されますから、その意味で、必ずしも完全な主体性が働いているとはいえない関係性にあります。評価基準（規準）が教師など他者の側にあるからです。

　直接的な関わりや利害関係のない他者から評価されることもあります。これを第三者評価といいます。ここでは、より高い客観性や公平性が担保されます。

　他者評価の対語は自己評価です。

（5）自己評価

　一人称による評価のことです。子どもは自己評価しながら、自らの学習に取り組んでいるといえます。学習における自己評価は、自分で自らの学習状況を評価し、そこから知り得た情報によって、自らの立ち位置を確認し、今後の学習を改善・調整したり、制御したりするために行われます。広い意味では、これまでの学習について反省することです。

　自己評価は基本的に自らの設定した目標と評価基準（規準）にもとづいて行われますから、自己をさらに教育しようとする活力増強剤として働きます。ここに、自己評価の最大のメリットがあります。自己教育力の育成につながる自己評価力は「生きる力」の重要な要素だといえます。

　自己評価を行う際の判断基準は子どもによって違いますから、評価の結果を子ども同士で比べることは教育的でありません。まして、自己評価の結果を教師による評価に置き換えることは望ましくありません。一人一人の子どもに焦点をあて、時間の経緯のなかで変容や成長の様子を捉え判断するとともに、変容した背景や原因を検討する材料として活用します。

（6）相互評価

　授業において子どもたちが相互に評価し合うことをいいます。たとえば、「○○さんは今日とてもよい考えを発表しました」「○○さんの意見は少し違うと思います」などと、子どもがほかの子どもを相互に評価する行為です。その意味で、相互評価は他者評価のひとつだともいえます。

　こうした活動をとおして、ほかの子どもから学びたいという向学心や互いに高まりたいという向上心が生まれます。互いに評価し合うことによって、それまでの学習に自信をもったり、その後の学習の方向を修正したり調整したりするようになります。相互評価には学級集団を質の高い学習集団に成長させていく役割があります。

　相互評価が効果的に行われるためには、子どもたちが発言したりノートに記述させたりするとき、友だちの名前を含めるようにします。すると、他者を意識した内容になります。話し合うときには、互いに顔が見えるように机の配置を工夫する必要もあります。なにより重要なことは、子どもたちが相互に学び合うことの意味を理解するとともに、学級に受容的で共感的な風土が形成され、違いを尊重し合う人間関係が醸成されていることです。

（7）評価の観点

　指導要録の様式2（指導に関する記録）には、従来から各教科に評価の観点が示されています。文部科学省は通知において、指導要録の様式の参考案を示しています。これを参考にして、学校の設置者（小中学校においては主として市区町村教育委員会）が様式を定めています。各教科ごとに観点を追加することもできます。指導要録には、各教科の学習状況を記録する欄に評価の観点が示されてきました。

　昭和31年の指導要録にはすでに評価の観点が示されています。その後、学習指導要領の改訂に伴って、各教科の観点も一部改訂されてきました。平成23年に改訂された指導要録までは、各教科の特質や目標を踏まえて、教科ごとに独自の観点が示されていました。その後、平成29年に改訂された学習指導要領にもとづく指導要録（小学校では令和2年度より実施）では、すべての教科が「知識・技能」「思考・判断・表現」「主体的な学習に取り組む態度」に統一されました。各教科の目標を構成する要素が3つに揃えられたからです。

　評価の観点は、子どもの学習状況を分析的にみとる際の窓口として、あくまでも指導要録等に記載する際の便宜として定められたものです。

（8）観点別評価

　子どもの学習状況をあらかじめ設定された観点から評価することを観点別評価（正確には観点別学習状況評価）といいます。

　指導要録の「指導に関する記録」の欄に、各教科において観点ごとに評価（A・B・Cで評定）するようになっています。また、指導要録に合わせて各学校が作成する通知表も観点ごとに成績をつけるようになっています。こうしたことから、日々の学習評価においても、観点別評価が一般化しています。観点別評価はわが国の学習評価の特色といえます。

　ただ、文部科学省からの通知（平成31年3月29日）に、学習評価においては、「指導の改善に生かすことに重点を置く」と示されたことから、日常の学習指導における観点別評価や記録に用いる評価は、今後軽減されていくことが予想されます。

　教師が観点ごとに指導し、子どもが観点ごとに学習しているわけではありません。これからは「指導と評価を一体化」させ、「指導に生きる評価」を一層充実させる必要があります。

83

（9）個人内評価

　絶対評価や相対評価は、教師など他者が設定した基準（規準）によって評価されます。それに対して、個人内評価は基準（規準）をそれぞれの子どものなかに置いて、それぞれの子どもの学習状況などを評価するものです。

　個人内評価には2つの方法があります。まず、子どもの成長を時間軸で評価するものです。その子どもの以前の学習成果と比べて、進歩の状況や努力の成果を積極的に評価するものです。たとえば、「これまでつまずきがちだった小数の計算ができるようになってきた」といった評価です。これを個人内相対評価ということがあります。次は、子どものよさを空間軸で評価するものです。その子どもなりのよさや得意分野を見いだす評価です。たとえば理科の学習において、「特に天体に関心をもち、豊富な知識をもっている」といった評価です。これを個人内絶対評価ということがあります。

　いずれの方法においても、ほかの子どもたちと比べて評価するのではありません。あくまでもその子どもにおけるよさや可能性を見いだし伸ばすこと、すなわち一人一人の個性を創ることを目的に実施される評価です。

（10）到達度評価

　子どもたちに身につけさせたい内容を目標として設定し、その到達状況を評価するものです。類語に達成度評価、実現状況の評価などがあります。

　到達度評価が主張された背景には、すべての子どもに確かな学力をつけさせたいという、学力保障の考え方がありました。「〜ができる」「〜がわかる」などと、内容を明確にした目標を図表に表すなどできるだけ具体的に示して、ひとつひとつクリアさせていく実践が行われました。到達の状況を明確にするため、目標を細分化して「行動目標」として設定されたこともありました。目標が明確に示されましたから、評価も比較的容易にできました。

　到達という用語から「ここまで」とか「この段階まで」という印象を受けます。そのため、知識や技能については目標の設定とその評価が容易にできます。一方、関心や意欲などの情意面や能力や態度は方向的な目標としての性格をもっており、到達度（ゴール）を明確に示し、評価することは難しいとされました。

　学習評価の対象が知識や技能のほかに、能力や態度、人間性等に関わる内容にまで広がったことから、最近では到達度評価という用語はあまり使用されていません。

（11）診断的評価

学習指導においては、授業の開始前において行われる評価のことで、子どもたちの学習前の実態や課題を把握するために行われる評価のことです。ここで得た情報は指導計画や学習指導案を作成する際に生かされます。

診断的評価の内容は大きく２つあります。ひとつは、これから学習する内容に関連して前提となる基礎的な知識や技能をどの程度習得しているか。関連する体験や経験をしているかを確かめます。内容の系統性の強い算数科などでは既有の技能の習得状況がその後の指導方法を大きく左右します。不十分な子どもにはこれまでの学習内容を再度指導することが求められます。

いまひとつは、これから学習する内容について、すでにどの程度知っているか。すでに経験しているかを確かめます。内容教科といわれる社会科などではすでに知識を先行して習得している子どもがいた場合、授業のなかでそれらの子どもの出番をつくるなどの工夫が考えられます。

学習後に子どもたちの学習成果を診断的評価の結果と比べることで、一人一人の学びの伸びや変容を捉え、学習の成果を確認することができます。

（12）形成的評価

授業のプロセスにおいて実施される評価のことです。過程評価ということもあります。形成的評価は、子どもが知識や技能を習得していく過程で、あるいは能力や態度を身につけていく過程で行われますから、教師の指導や子どもの学習と一体の関係にあります。

授業の進行中に、もしつまずいている子どもがいたときには、その子どものつまずきを取り上げ、教材として活用しながら、学級全体で解決策を考えるよう導きます。学習に遅れがちな子どもにも適切な支援や指導が求められます。また、子どものつぶやきや発言を聞き流すことなく、その真意を確認したり揺さぶったりしながら、その場で子どもたちの思考や理解をさらに深めていきます。いずれの手だても、教師の設定した目標の実現を意識して行われることはいうまでもありません。

このように捉えると、形成的評価は授業の進行とともに行われ、評価の結果はその場で瞬時に指導にフィードバックされるところに特色があります。これが指導と評価が一体化している姿であり、指導に生きる評価が行われる場面でもあります。形成的評価には授業者の指導力がもろに現れるといえます。

（13）総括的評価

　総括的評価とは単元末や学期末、学年末など学習の終末場面で実施される評価です。学習の成果を評価する成績評価にあたるもので、評定ともいわれます。評価の結果は通知表の作成や指導要録の記載に生かされます。また、保護者や子どもに伝えられます。

　指導要録には、評価の観点ごとにそれまでの評価結果を総括してＡ・Ｂ・Ｃで記録する欄と、各観点の評価結果をさらに総括して評定した結果を記録する欄が設けられています。小学校の場合、３・２・１で記録します。

　ここでの総括的評価は「評定」「判定」という意味合いがあります。その手続きや方法は各学校で定めることになっており、従来から各学校において課題になっています。特に観点別に総括的評価（評定）を行う場合、「知識・技能」と「思考・判断・表現」や「主体的に学習に取り組む態度」の観点は趣旨が異なっており、必ずしも同じような手続きで判定することができないところに難しさがあります。

　総括的評価の結果は保護者や子どもなどに伝えるだけでなく、その後の授業の改善に生かす手だてを考えることが重要になります。

（14）評価教材

　評価教材とは、文字どおり評価するために必要となる教材のことです。子どもたちの指導にあたって必要となるものに教材があるように、子どもの学習状況の評価を行うためにも教材が必要になります。ここでいう評価とは、学習の成果である成績をつけるためのテスト用紙だけでなく、実態や課題を把握するための調査用紙やアンケート用紙なども含みます。

　たとえば、テスト教材には、評価のための典型的な教材としてペーパーテストがあります。いわゆる試験用紙、テスト用紙といわれるものです。これにも単元末などに実施されるもののほかに、レディネスの状況を調べるものやプレテストのための教材があります。単元や題材の学習過程で短時間に実施される小テストもあります。

　これまでの評価のための教材は紙ベースのものが中心でしたが、これからは１人１台の端末を活用したテスト問題の作成や結果の処理と活用など、デジタル化された評価教材が開発されることが予想されます。これまで主流だった紙ベースの評価教材との併用のあり方も課題になります。

（15）テスト

　テストとは一般に試験や検査などをいいます。単元や学期末のテストのほか、入学試験や知能検査などもテストの範疇に入ります。学習に関してテストといえば、100点満点で構成されるペーパーテストを連想しますが、テストはそれだけではありません。

　たとえば、提示された課題に対して自分の考えを論述する論文体テスト、体育科や音楽科、図画工作科などにおける実技テスト、質問されたことにその場で答える面談テストなど、多様な形態のテストがあります。

　現在、学習の成果を評価する主要な手段としてペーパーテストが使用されています。これには、知識や技能の習得状況が把握できること、一度に多人数を対象にすることができること、数値化するなど結果が客観的に表せることなど優れた点があります。テストの問題作成においては、これまで選択法、完成法、組み合わせ法、正誤法などさまざまな形態が工夫されてきました。

　一方、思考力、判断力、表現力などの能力や習得した知識や技能の活用状況をテストで評価するためには、問題作成のさらなる工夫が求められます。

（16）個人面談

　学校おける個人面談は、子ども、保護者、子どもと保護者の両者をそれぞれ対象に行われています。面談の内容は、学校での学習や生活の様子や課題などを話すほか、家庭での様子を聞くこともあります。学期末に行う場合には成績について伝達することが多くなります。中学校や高等学校では進学や就職に関することも話題になります。両者が対面して話し合いますから、互いに表情をうかがい知ることができます。

　近年、子どもや保護者に学習の成績を学期末に伝えているが、その時期が遅いのではないかという指摘があります。個人面談の目的を踏まえて、実施の時期や内容を再検討する必要があります。学期末に実施するときには、通知表の所見欄の記述内容と重複することがあり、両者の関連をどう図るかが課題になっています。

　なお、個人面談には、学校の行事として位置づけ、すべての子どもや保護者を対象にすべての学年で一斉に実施する場合と、特定の子どもや保護者を対象に臨時的に実施する場合があります。後者は生徒指導上の課題があるなど緊急性があるときが多いようです。

（17）通知表（通信簿）

　学校から渡される文書のうち、子どもたちや保護者が特に関心をもつものに通知表（通信簿）があります。わが国の学校において伝統的な文書のひとつです。教師は特段の配慮をしながら作成しています。

　通知表は各学校の判断と校長の責任で作成される文書です。学期ごとに作成されています。名称も「通知表」「通信簿」「通知票」「あゆみ」などさまざまです。様式も学校によってまちまちですが、指導要録の様式に合わせて作成している学校が多くなってきました。

　内容は、各教科の学習の様子のほか、特別活動の記録、行動の様子、出欠の状況などさまざまな要素から構成されています。学習については教科ごとに観点別に評価（評定）しています。それらを総括して評定した結果を記載する欄を設けている学校もあります。学年末に記載する「修了証」を兼ねているものもあります。通知表の様式を校長会や教育委員会で統一している地域もあります。

　今後、学校と家庭とを結ぶコミュニケーションの手段として、内容や伝達の時期、活用の仕方など、通知表のあり方を検討する必要があります。

（18）指導要録、抄本

　指導要録は、学校教育法施行規則（第24条）によって定められている表簿です。これには、子ども一人一人の学籍並びに指導の過程や結果を要約して記録し、その後の指導に役立てるという教師間での指導機能と、外部に対する証明等に役立てるための原簿という対外的な証明機能の2つの働きが備えられています。

　指導要録には様式1「学籍に関する記録」と様式2「指導に関する記録」の2つがあり、前者の保存期間は20年、後者は5年と定められています。

　指導要録は、文部科学省が示した「参考様式」をもとに、学校の設置者である教育委員会が様式や記載の要領などを決定します。学習指導要領は文部科学省が告示しますが、指導要録の様式や記載方法等は教育委員会が定めています。校長は、その学校に在籍する子どもの指導要録や進学先に送付する抄本または写しを作成しなければならないと規定されています。実際に記載するのは学級担任などです。

　指導要録や内申書の情報開示の請求については、当該自治体の定める個人情報保護条例などにもとづいて判断・実施されることになります。

（19）評価基準と評価規準

　基準とはstandard（スタンダード）、規準とはcriterion（クライテリオン）と英訳されるように、評価基準と評価規準を区別して使用されることがあります。

　かつて、「評価基準」として、「十分満足できる状況」「おおむね満足できる状況」「努力を要する状況」の3段階を示した評価のものさしを作成しました。

　知識や技能の習得状況については、3段階で具体的に表すことができますが、思考力、判断力、表現力などの能力や主体的に学習に取り組む態度などは、指導目標に「〜の力を育てるようにする」「〜する意欲を養うようにする」などと示されるように、3段階で明確に示すことが困難です。しかも、すべての観点の評価基準を単元や題材ごとに作成すると膨大な量になります。

　そのため、「おおむね満足できる状況」を「評価規準」として認定するようになりました。これに照らすことにより、この状況を超えている場合を「十分満足できる状況」、超えていない場合を「努力を要する状況」と判断することができます。こうした取り組みは平成4年度ごろから行われました。その後、評価基準と評価規準が混在して使用される実態がみられるようになりました。

（20）到達目標と方向目標

　いずれも目標に対するいい方です。到達目標とは、学習の到達状況を明確にいい表したものです。たとえば「わが国は山がちな国土であることがわかる」「乾電池のプラスとマイナスがわかる」「小数と小数の計算ができる」「跳び箱で5段を飛ぶことができる」などと学習の到達度（ゴール）を目標として示すことができます。その意味では分かりやすい目標です。

　一方、方向目標は、「論理的に考える力を育てるようにする」「意欲的に学習に取り組むようになる」のように、到達度というより、目標が学習の方向性を示しているところに特色があります。ゴールがやや曖昧です。

　前者は主として知識や技能に関する目標に対していわれ、「知識・技能」の評価の観点と深く関連しています。後者は能力や態度に関する目標に対していわれることが多く、「思考・判断・表現」や「主体的に学習に取り組む態度」の観点と結びついています。

　目標には、上記のほかに、上記の両者を含めた実現目標や、「〜ができる」などと行動的な表現で表す行動目標などのいい方もあります。

（21）評価と評定

　いまなお、評価と評定を明確に区別せずに混同して使われていることがあり、ここで改めて機能面からみた両者の違いを整理しておきます。

　「評価」とは多くの場合、指導機能を発揮するものとして捉えられています。たとえば、「指導に生きる評価」とか「指導と評価の一体化」などといわれます。結果が教師の指導の改善にフィードバックされています。

　それに対して、「評定」は主として伝達機能や管理機能に関わっており、子どもの成績をつける評価のことです。評定は、通知表を作成したり指導要録に記載したりするときに、３段階や５段階などの尺度で判定する作業として行われています。観点ごとに評定した結果は、通知表をはじめ、指導要録の「各教科の指導の記録」の欄に記載されます。

　評定を評価の一部として捉えることもできますが、評価は子どものつまずきをなくすなど、学力をつけるために行われるもの、評定は主として成績をつけるために行われるものといったように、機能や目的に応じて評定と評価を使い分けることが大切です。

あ と が き

　ある小学校教師の言葉です。

　「子どもがつまずいている姿をみると、つい自分の指導の足りなさを反省してしまいます」

　ここから、この教師の指導に対する真摯な気持ちが伝わってきます。子どもに対する深い愛情を感じます。筆者の学生のころのことです。教授から「講義の内容がわからないのは、お前の勉強が足りないからだ」といわれたことがあります。このときには、そのとおりだと納得しましたが、"どうすればわかるようになるのか、ひとこと助言があれば…"と思ったものです。

　筆者が学習評価の研究と実践に初めて取り組んだのは、昭和56～57年のことです。そのときの学校研究の成果は、『「関心・態度」を育てる社会科の指導と評価』（明治図書、1983年）としてとりまとめ世に問いました。その後、40数年学習評価に関心をもちつづけ、この間に、次のような評価に関する図書を出版してきました。発行順に紹介します。

- 『子どもの成長を支援する評価』（明治図書、1996年）
- 『子どもを伸ばす基礎・基本の評価』（文溪堂、2002年）
- 『学校新時代の学力と評価』（文溪堂、2003年）
- 『社会科の思考を鍛える新テスト―自作のヒント―』（明治図書、2004年）
- 『子どもの学力をつける学習評価』（文溪堂、2011年）
- 『「思考力、判断力、表現力」を鍛える新社会科の指導と評価』（明治図書、2017年）

　それぞれの図書は、当時の学習評価をめぐる課題を踏まえたものです。いずれの図書でも、評価は教師の指導を変え、子どもに学力をつける機能があることを主張してきました。表舞台に出ることの少なかった評価です。子どもの学びと教師の指導をよりよく変える活力増強剤として、これからも評価のあり方に関心をもちつづけ、学校教育の一層の改善に寄与する評価のあり方を追究していきたいと考えています。

　終わりに、本書の執筆にあたっては、妻の淑恵がよき環境を整えてくれました。貴重な助言もありました。心から感謝の気持ちを表します。

著者紹介

北　俊夫（きた　としお）

福井県に生まれる。

東京都公立小学校教員、東京都教育委員会指導主事、文部省（現文部科学省）初等中等教育局教科調査官、岐阜大学教授、国士舘大学教授を経て、現在、一般財団法人総合初等教育研究所参与及び学校教育アドバイザーとして講演や執筆活動を行っている。また、リーフレット『教育の小径』を文溪堂から毎月発行としている。

近著に『トイレ四方山ばなし』（文芸社）、『自然災害防止教育と学校の役割』『社会科が好きになる授業づくり入門』『保護者と語りたい子育て話材50』『「なぜ」で読み解く社会科授業のヒント』『「ものの見方・考え方」とは何か』（以上、文溪堂）、『あなたの社会科授業は間違っていませんか』『「主体的・対話的で深い学び」を実現する社会科授業づくり』『「思考力、判断力、表現力」を鍛える新社会科の指導と評価』（以上、明治図書）など多数ある。

教師のリアクション力
－ 「指導と評価の一体化」とは何か －

2024年9月　第1刷発行

著　者　北　　俊夫

発行者　水谷　泰三

発行所　**株式会社 文溪堂**

　　　　［東京本社］東京都文京区大塚 3-16-12　〒112-8635
　　　　　　　　　　TEL 03-5976-1311 （代）
　　　　［岐阜本社］岐阜県羽島市江吉良町江中 7-1　〒501-6297
　　　　　　　　　　TEL 058-398-1111 （代）
　　　　［大阪支社］大阪府東大阪市今米 2-7-24　〒578-0903
　　　　　　　　　　TEL 072-966-2111 （代）
　　　　　　　　　　ぶんけいホームページ　https://www.bunkei.co.jp/

印刷・製本・デザイン／株式会社　太洋社

©2024 Toshio Kita, Printed in Japan
ISBN 978-4-7999-0548-7　NDC375　96P 210mm×148mm
定価はカバーに表示してあります。
落丁本・乱丁本はお取り替えいたします。